基于职业能力培养视角的英语教学模式研究

曹舒展 康利荣 蒋 博◎著

吉林出版集团股份有限公司
全国百佳图书出版单位

图书在版编目（CIP）数据

基于职业能力培养视角的英语教学模式研究 / 曹舒展，康利荣，蒋博著. --长春：吉林出版集团股份有限公司，2024.9. --ISBN 978-7-5731-5784-3

Ⅰ．H319.3

中国国家版本馆 CIP 数据核字第 2024HY3737 号

基于职业能力培养视角的英语教学模式研究

JIYU ZHIYE NENGLI PEIYANG SHIJIAO DE YINGYU JIAOXUE MOSHI YANJIU

著　　者	曹舒展　康利荣　蒋　博
责任编辑	蔡宏浩
装帧设计	万典文化
开　　本	787 mm× 1092 mm　1/16
印　　张	6.75
字　　数	120 千字
版　　次	2025 年 3 月第 1 版
印　　次	2025 年 3 月第 1 次印刷
出　　版	吉林出版集团股份有限公司
发　　行	吉林音像出版社有限责任公司 （吉林省长春市南关区福祉大路 5788 号）
电　　话	0431-81629679
印　　刷	吉林省信诚印刷有限公司

ISBN 978-7-5731-5784-3　　　　　定　价　58.00 元

如发现印装质量问题，影响阅读，请与出版社联系调换。

内容简介

随着经济全球化的发展，相关行业对英语人才的需求量越来越大，但高职英语专业毕业生的就业现状却不容乐观，主要原因是当前的教育模式所培养的学生虽然具有充足的理论知识，却缺少必要的职业能力，不能适应职业岗位的要求。因此，高职院校教学模式改革势在必行。我国传统的教育理念一直将学习课本知识作为教学过程中的重点，以技能教育为辅，这样的理念使得高职教育发展受限，造成培养出来的学生与社会需求脱轨，满足不了企业的需求，其中以高职英语教学最为突出。目前的社会经济发展，对人才的要求不仅限于技能，还对英语素养的要求越来越高。优化高职英语教学是培养学生职业能力中重要的一环，本书就高职英语教学过程优化的必要性、现状，培养过程中出现的问题、原因做出分析，并提出了教学模式的改革措施，以期得以优化，培养出质量更高的人才。

目 录

第一章 高职英语教学模式改革的形势与意义 ………………………………… 1

 第一节 研究背景 ………………………………………………………… 1

 第二节 研究目的与意义 ………………………………………………… 4

 第三节 教学模式的定义和特点 ………………………………………… 11

 第四节 文献综述 ………………………………………………………… 15

第二章 高职英语教学的理论基础 ……………………………………………… 17

 第一节 建构主义理论 …………………………………………………… 17

 第二节 ESP 理论 ………………………………………………………… 19

 第三节 情境认知理论 …………………………………………………… 21

 第四节 能力本位理论 …………………………………………………… 24

 第五节 职业能力培养理论 ……………………………………………… 26

第三章 高职英语专业建设及课程设置 ………………………………………… 28

 第一节 概述 ……………………………………………………………… 28

 第二节 商务英语专业 …………………………………………………… 31

 第三节 应用英语专业 …………………………………………………… 33

 第四节 旅游英语专业 …………………………………………………… 36

 第五节 英语教育专业 …………………………………………………… 39

 第六节 特色专业建设 …………………………………………………… 42

 第七节 高职公共英语课程设置 ………………………………………… 46

第四章 职业能力培养教育概述 ... 49
第一节 职业能力体系概念 ... 49
第二节 教育意识淡薄和职业能力的培养 ... 53
第三节 职业能力培养教育的内涵与教学课程的构建 ... 55
第四节 职业能力培养教育的特征与培养环境的关系 ... 57

第五章 高职英语教学与职业能力培养的内在联系 ... 61
第一节 高职英语职业能力体系概念 ... 61
第二节 英语语言能力是职业能力的重要内容 ... 64
第三节 高职英语教学的职业性特点 ... 69

第六章 高职英语教师专业化发展途径与策略 ... 74
第一节 高职英语教师专业化发展的指导思想和目标 ... 74
第二节 高职英语教师专业化发展的内涵和要求 ... 77
第三节 高职英语教师专业化发展的途径与策略 ... 80
第四节 高职院校英语教师师资队伍的培养 ... 82

第七章 基于职业能力培养视角的高职英语教学模式改革的途径与对策 ... 86
第一节 高职英语教学目标的重立 ... 86
第二节 高职英语教学模式的重构 ... 89
第三节 高职英语教学方法的变革 ... 92
第四节 高职英语教学评价的转变 ... 94
第五节 高职英语教师的角色调适 ... 98

参考文献 ... 101

第一章 高职英语教学模式改革的形势与意义

第一节 研究背景

一、教育改革与发展

随着全球化和信息化的快速发展，英语作为一种国际通用语言变得愈发重要，教育部门逐渐意识到高等教育对英语教学的重要性，为培养更具国际竞争力的人才，开始对高职院校的英语教学进行改革和调整。这种趋势不仅是教育发展的迫切要求，也是学生未来职业发展的需求。英语不再只是一门学科，而是跨越国界、促进交流与合作的桥梁。

在这种背景下，高职院校英语教学的改革显得尤为重要，这种改革不仅仅是对传统教学方式的调整，更是对教学目标的重新审视。教育部门认识到，传统的语法、词汇教学模式，已不足以满足学生应对全球化竞争的需求。因此，英语教学需要更多地关注实用性和沟通能力的培养。高职院校致力于培养技能型人才，因此，英语教学也更加强调语言技能与实际应用的结合。不仅要求学生具备良好的语言基础，还要求他们能够在实际工作中运用英语进行交流与合作。为了适应全球化和信息化的发展趋势，高职院校英语教学模式也需要更多地融入现代教育技术。多媒体、在线教学平台、虚拟实验室等工具被广泛应用于教学实践中，以提升教学效果和学生的学习体验。这些技术手段不仅能够使学习更加生动、有趣，还可以拓展学生的学习资源，让他们更好地接触到真实的语言环境。

除了教学内容和方法的调整外，个性化教学也成为高职院校英语教学改革的重要方向之一，学生的学习背景、兴趣、学习习惯各不相同，因此，教师需要更多地关注学生个体差异，采取差异化教学策略，帮助每个学生更好地发挥自己的潜能。全球化和信息化背景下的英语教学改革是高职院校教育的迫切需求，英语作为一门国际通用语言，其重要性不断凸显。因此，针对高职院校学生的特点和需求，英语教学模式的改革和调整势在必行，以培养更具国际竞争力的人才，为其未来职业发展奠定坚实的基础。

二、技能型人才培养需求

高职教育的特点在于其专注于培养学生的技能和应用能力。在职业教育中，英语已不再局限于传统的语言学习范畴，而是与实际工作和职业技能息息相关。因此，教学模式需要更加关注实用性、职业性和应用性。通过将英语教学与实际工作紧密结合，学生能够更好地应用所学英语技能于职场。

实用性是职业教育中不可或缺的一环，英语教学应重点关注于培养学生实际运用语言的能力，使其具备与国际合作伙伴进行沟通交流的能力。通过强调实用性，学生能够掌握运用英语解决实际工作中出现的问题，从而更好地适应现代职场的要求。英语教育需要与不同职业领域结合，为学生提供专业化的语言培训，使其掌握与特定行业相关的英语词汇和表达方式。这种职业性的教学模式有助于学生在就业市场中更具竞争力，能够迅速适应特定行业的语言需求。

英语教学需要更多地强调实际应用能力的培养，让学生能够灵活运用所学英语知识解决实际工作中的挑战。这种培养方式能够增强学生的自信心和适应能力，使他们能够更好地应对工作中的复杂情境。高职教育中英语教学的调整需注重实用性、职业性和应用性，通过强调这些方面，学生可以更好地掌握英语技能，并能够成功地将所学知识运用于实际工作中。这种教学模式的转变有助于培养更加适应现代职场需求的人才，为他们的职业发展奠定坚实的基础。

三、现代教育技术的发展

随着科技的进步，教育技术在英语教学中发挥着越来越重要的作用。多媒体技术为英语教学提供了丰富多彩的教学资源，比如图像、音频和视频等，可以生动展示语言使用场景，帮助学生更直观地理解英语知识。在线教学平台则为学生和教师提供了更便捷、灵活的学习和教学环境，不受时间和地域的限制。学生可以在不同时间、不同地点进行学习，同时，教师也能够更好地管理课程和资源。

虚拟实验室是另一个重要的教育技术工具，在英语教学中发挥着关键作用。它模拟真实语言环境，为学生提供互动体验，使他们能够在虚拟环境中练习听、说、读、写技能，加强语言运用能力。通过模拟对话、互动角色扮演等方式，学生可以更深入地融入英语环境中，提高语言交流和应用能力。教育技术的发展还促进了个性化学习的实现。基于学生的学习需求和水平，教育技术可以提供定制化的学习内容和教学方式，帮助每个学生更有效地学习。智能化的学习系统能够根据学生的学习情况调整教学进度和内容，为每个学生量身定制学习计划，提高学习效率和成果。

教育技术也为英语教师提供了更多的教学工具和资源，使他们能够更好地设计教学活动，创新教学方法。通过教育技术，教师可以获取全球各地的教学资源和最新信息，不断丰富自己的教学内容，提升教学质量和水平。现代教育技术在英语教学中的应用，为学生提供了更丰富、更灵活的学习体验，促进了他们的学习和实践能力的提升。同时，教育技术也为教师提供了更多教学工具和资源，支持他们更好地进行教学设计和教学实践。这些技术的发展不断推动着英语教学模式的创新和改进，为教育培训领域带来了全新的可能性和发展机遇。

四、学习者群体特点

高职院校的学生拥有多样化的学习背景、兴趣和学习目标。这种多样性使得教学模式需要更具灵活性，以满足不同学生的需求，注重个性化教学和差异化教学方法。学生们的学习背景千差万别，有些可能是来自城市，有些可能来自农村；有的可能已有一定工作经验，有的可能直接从高中毕业进入高职院校。这种差异性要求教学模式需要灵活变通，因为不同学生具有不同的学习习惯、接受能力和理解方式。个性化教学可以根据学生的背景特点和学习需求，调整教学内容和方法，让每个学生都能够在自己的学习节奏下获得更有效的学习体验。

兴趣方面的差异也是必须考虑的因素，有些学生对特定领域可能更感兴趣，而有些学生则对其他领域有更强烈的好奇心。教学模式需要充分考虑并尊重学生的兴趣，通过设计多样化的教学内容和活动，激发学生的学习兴趣，使他们更加积极主动地参与学习过程。学习目标的多样性也是高职院校学生的特点之一，有的学生可能更倾向于实践技能的培养，而有的可能更看重理论知识的学习。因此，教学模式应当差异化地满足不同学生的学习目标。个性化的教学方法可以根据学生的需求和目标，提供更有针对性的教学内容和资源，帮助他们更好地实现自己的学习目标。

高职院校的学生群体具有多样性的特点，教学模式需要更具灵活性，注重个性化教学和差异化教学方法。只有通过针对不同学生的差异性需求进行教学设计，才能更好地促进他们的学习成长，提高教学效果，让每个学生都能够在学校中充分发挥自己的潜力，并为未来的职业发展做好充分的准备。

五、国际化发展趋势

随着经济全球化的不断深化，培养具有国际视野和跨文化交流能力的人才成为当今社会的迫切需求，在这个日益互联互通的世界中，人才需要具备适应不同文化环境的能力，以有效地融入国际化的工作和交流中。因此，高职英语教学模式的研究也应当顺应这一趋势，着眼于培养学生具备国际竞争力所需的能力和素养。国际化的发展趋势意味着学生需要更多地关注全球事务和国际合作，高职院校的英语教学不再仅仅是传授语言知识，更应关注培养学生的跨文化沟通能力。学生应当能够理解和尊重不同文化背景下的价值观和习惯，以及有效应对跨文化交流中的挑战。这不仅包括语言交流能力，还涉及对文化差异的理解和应对能力，培养学生具备包容、开放的国际化视野。

在国际化背景下，高职英语教学模式也应促进学生的国际竞争力，这需要教学模式更多地关注提高学生的英语水平，使其能够在国际舞台上与他人交流合作。同时，也要求培养学生具备解决国际问题的能力，激发创新思维和跨领域合作的意识，为国际化环境下的职业发展做好准备。国际化发展趋势对高职英语教学模式提出了新的挑战和要求，为了培养具有国际竞争力的人才，教学模式需要注重跨文化交流能力、国际视野的培养，强化学生的英语水平和综合能力。只有如此，学生才能更好地适应全球化的环境，具备与国际同行竞争的能力，为未来的职业发展打下坚实的基础。

第二节　研究目的与意义

一、研究目的

（一）适应性培养

了解和研究高职院校学生的背景、学习特点，以及职业发展需求是设计适应性英语教学模式的重要前提。高职院校学生的特点多样，他们来自不同地区、背景和文化，且通常具备特定的职业目标，研究学生的背景信息是必要的，了解学生的家庭环境、地域文化背景以及语言接触情况，有助于教师更好地把握学生的语言基础和学习习惯。这有助于确定学生可能面临的语言学习困难，并针对性地设计教学方法。了解学生的学习特点至关重要，高职院校学生通常具有实践性强、注重应用的特点。因此，教学模式需要更注重实用性和应用性，将语言学习与实际职业需求相结合，让学生学以致用。同时，对学生的学习风格和兴趣爱好有所了解，有助于设计更具吸引力和针对性的教学内容和活动，提高学习的效率和积极性。

最重要的是了解学生的职业发展需求，不同专业的学生可能需要掌握不同领域的英语知识和技能。因此，教学模式需要根据不同专业的特点，设置相关的英语课程内容，以满足学生未来在工作中所需的语言能力。例如对商务类专业的学生，强调商务英语的教学，对工程类专业的学生，强调专业术语和实践性的语言应用等。设计更贴近学生实际需求的英语教学模式有助于提高教学的针对性和实效性。这样的教学模式将更加贴近学生的学习需求，帮助他们更好地应对未来职业发展中的语言要求。同时，这也能激发学生的学习兴趣，提高学习积极性，为他们的职业道路打下更坚实的语言基础。

(二) 适用性和应用性强化

突出英语教学的实际应用性，这意味着不仅仅是传授语言基础知识，而更重要的是让学生能够在实际工作和生活场景中灵活运用所学知识。这种教学模式着眼于提升学生的语言交流能力、解决实际问题的能力以及在职场环境中的实际应用水平。经由强化实用性和应用性，英语教学不再只是被视为一门学科，而更像是一项实用技能。学生不仅仅是在课堂上学习语法和词汇，而是被鼓励在真实的情境中运用英语，从而更好地适应日常生活和工作需求。这种教学方法旨在培养学生的实际沟通能力，让他们能够自信地使用英语与他人交流。

这种教学模式的核心是培养学生的实践能力，学生通过课堂学习，并在项目、案例分析或模拟情境中应用所学知识，从而增强解决问题的能力。这种积极参与实践的学习方式，使学生能够将理论知识转化为实际技能，为未来的职业发展打下坚实的基础。这种教学模式也关注于提高学生在职场环境中的适应能力，学生不仅学习英语，还学习如何在工作场所中运用所掌握的语言技能。这包括了写作、口语表达、演讲能力，以及与同事、客户有效沟通的能力。通过模拟职场场景，学生能够更好地理解职场中的挑战，并准备好在真实工作环境中应对各种情况。

这种实用性和应用性强化的教学模式，旨在为学生提供更具实际意义的英语学习体验。它不仅关注于知识的传授，更重视学生在实际生活和工作中运用英语的能力。这样的教学方法有助于培养更具竞争力的人才，他们能够更好地适应现代职场的要求，并且在不同场景下展现出优异的语言应用能力。

(三) 促进国际视野和跨文化交流

培养具有国际竞争力的人才已成为当今教育的重要目标，为实现这一目标，促进学生的国际视野和跨文化交流显得至关重要。因此，高职英语教学模式的研究目的之一在于通过教学设计，促进学生的国际化视野和跨文化交流能力的培养，使他们更好地适应全球化背景下的职业发展需求。教学模式的设计需要注重开阔学生的国际化视野，这包括向学生介绍全球性的重要议题、国际事务、不同国家的文化和历史等。通过多元化的教学内容，学生能够更广泛地了解世界，增强对不同文化的认知和尊重，拓宽视野，从而更好地适应全球化时代的需求。促进跨文化交流是关键，教学模式应该鼓励学生参与跨文化交流活动，例如模拟国际会议、文化交流活动、国际合作项目等。这样的实践能够使学生在实际交流中，更深入地了解不同文化之间的差异与共通之处，培养他们的跨文化沟通能力和解决跨文化问题的能力。

教学模式应该设计与开设国际化课程或项目，鼓励学生参与国际交流与合作，例如组织学生参加国际交流项目、提供机会让学生参与国际竞赛或国际实习等。这样的经历不仅能够提升学生的外语水平，还能锻炼他们在跨文化环境下解决问题的能力，增强他们的国际竞争力。此类教学模式的设计，学生可以更全面地了解和适应不同文化环境,增强他们的国际竞争力和职业发展素养。这种国际化视野和跨文化交流的培养,有助于学生在未来职业生涯中更好地融入国际化的工作环境,为他们的职业发展提供更广阔的空间和机遇。

（四）整合现代教育技术

探索现代教育技术在英语教学中的整合,以提升教学效果和学习体验。这些技术包括多媒体教学、在线教学平台和虚拟实验室等。它们的应用不仅可以让教学更生动、更吸引人,还能够为不同学生提供个性化的学习方式。

多媒体教学是一种有效的教学方式,它通过图像、音频和视频等多种媒体形式,使教学内容更加丰富生动。借助多媒体技术,教师可以利用图片、动画、音频和视频等资源呈现课程内容,激发学生的兴趣,提高他们的学习积极性。这种视听结合的教学方式有助于加深学生对英语知识的理解和记忆,提升教学效果。

在线教学平台则为学生提供了更加便捷和灵活的学习方式,通过在线平台,学生可以随时随地访问教学资源,学习课程内容,完成作业和测验。通过虚拟实验室,学生可以模拟真实的语言环境,进行口语交流、听力训练和写作练习。这种虚拟实验室提供了一个安全、互动的学习环境,使学生能够在模拟情境中实践英语技能,提升语言应用能力。教师可以根据学生的需求和学习风格选择合适的技术工具,为他们提供更加个性化和多样化的学习体验。通过整合这些技术,教学不再局限于传统的教室教学模式,而是走向更加开放和多元化的教学方式,为学生提供更具吸引力和高效率的学习环境,促进他们更好地掌握英语知识和技能。

（五）提高教学效果

研究的目标在于提高英语教学的效果,这需要通过探索不同的教学策略、方法和手段,以更好地激发学生的学习兴趣、提高学习动机,从而提升整体教学效果。教学策略的多样化是关键,通过采用不同的教学策略,比如交互式教学、合作学习和探究式学习,教师可以更好地引导学生参与课堂。这种多元化的教学方式能够激发学生的好奇心和积极性,使其更愿意参与到课堂讨论和学习活动中,提高学习效果。教学方法的创新对于提高教学效果也是至关重要的,使用新颖、生动的教学方法,比如游戏化教学、故事演绎或实践性任务等,可以增加课堂趣味性,吸引学生的注意力,并促进他们更深入地理解和掌握英语知识。

利用多种教学手段也是提高教学效果的有效途径,除了传统的教科书,教师还可以结合多媒体资源、互联网应用、实物模型等,为学生提供更直观、生动的学习体验。这些多样化的教学手段能够更好地满足不同学生的学习需求,促进他们的全面发展。个性化的教学也是提高教学效果的重要因素,了解学生的学习风格、兴趣爱好和能力水平,针对性地为他们量身定制教学方案,可以更好地激发学生的学习兴趣,提高学习动力,使他们更有效地掌握英语知识。

研究致力于提高英语教学效果的目的在于探索不同的教学策略、方法和手段，以激发学生的学习兴趣，提高学习动机，从而全面提升整体教学效果。这种研究有助于教师更好地适应学生的需求，提供更具吸引力和有效性的教学环境，推动学生在英语学习中取得更好的成果。

二、研究意义

（一）符合职业需求

高职院校的学生通常更加注重实际应用和职业技能，他们渴望学到能够直接应用于职场的知识和技能，因此，高职英语教学模式的研究对于调整教学内容和方法至关重要。这样的研究能够更好地满足学生的职场需求，提升他们在就业市场上的竞争力。为适应学生的实际需求，教学模式需要更注重强调英语的实际应用能力。这意味着教学内容需要更贴近实际工作场景，强调实用性和职场需要。例如通过教授商务英语、专业英语等相关课程，让学生掌握在特定领域进行沟通和交流所需的语言技能，从而更好地适应未来工作需求。

教学方法也需要相应调整以提高学生的职业竞争力，例如强调实践性教学，让学生通过模拟商务谈判、撰写商业邮件等实际场景，提升他们的实际沟通能力和应用能力。同时，引入案例教学、项目实践等教学形式，让学生在实际问题解决中提升语言运用能力和职业素养。教学模式的研究还应该关注提高学生的跨学科能力，现今的职场往往需要员工具备多方面的技能和知识，而不仅仅是语言技能。因此，英语教学模式可以融入其他学科领域的内容，培养学生的跨学科能力，使其具备更广泛的专业知识和技能，更适应未来职场的多样化需求。

教学模式的调整和改进不仅关乎学生的学习效果，更关系到他们的职业发展，通过研究高职英语教学模式，可以更好地为学生提供符合职业需求的英语教育，使他们在就业市场上更具竞争力。这样的教学模式设计将有助于学生更顺利地适应职场要求，更快速地实现个人职业目标，从而为他们的职业发展打下坚实的基础。

（二）促进教学改革

研究不同的教学模式是推动教学改革的重要一环。通过深入探索和比较不同的教学模式，可以发现更加有效的教学方法和策略，为高职院校的教学改革提供有益启示，最终提升教学质量。这种研究对教学改革至关重要，不同的教学模式可能有着各自的优势和特点，因此，了解和研究它们可以帮助教育工作者更好地掌握不同模式的优势和劣势。这种比较和分析有助于寻找最适合特定教学环境和学生群体的最佳教学方法，促进教学方式的创新和改进。

研究不同教学模式，也有助于发现和提炼出更适合高职院校教学特点的教学策略。这些策略可能涉及课堂互动、学生参与度、实践性教学、评估方式等方面。通过对不同教学模式的研究，教师能够更全面地了解教学的多样化可能性，更好地满足学生的学习需求。了解不同的教学模式和方法，教师可以更自觉地反思和调整自己的教学实践，不断改进和完善教学方式，提高自身的教学水平和教育教学质量。

通过研究不同的教学模式，高职院校还能够更好地应对教育发展的挑战和变化，随着时代的变迁，教学方式也需要不断创新和更新，以适应新时代学生的需求和教学环境的变化。因此，对不同教学模式的研究为高职院校提供了更广阔的视野和更多的选择，有助于应对教学改革的各种挑战。研究不同的教学模式对促进高职院校的教学改革具有重要意义。这种研究有助于发现更有效的教学方法和策略，提高教学质量，推动教育教学实践不断进步，为学生提供更优质的教育服务。

（三）提升教学效果

通过研究不同的教学模式，有助于找到更适合高职学生的教学方式，从而提升教学效果。这种研究的目的在于有效地激发学生的学习积极性和提高他们的学习成绩，同时，增强他们在实际生活和职场中运用英语的能力。研究教学模式需要考虑到高职学生的学习特点。他们通常更注重实际应用和职业技能，因此，教学模式应该更侧重于实用性和应用性。这可能包括更多的案例分析、实践操作、角色扮演等教学活动，以使学生更深入地理解和掌握英语知识，并能够将所学内容灵活应用于实际工作和生活场景中。

研究可以探索多样化的教学方法，以提高学生的学习积极性，不同的学生有着不同的学习风格和喜好，因此，教学模式可以采用多样化的教学手段和方式。例如结合多媒体技术、互动教学、小组合作学习等，以增加课堂的趣味性和互动性，激发学生的学习兴趣，提高他们的学习动力。针对不同英语水平和学习能力的学生，个性化教学也是研究教学模式的重要方向之一。个性化教学可以根据学生的水平和需求，量身定制教学计划，为他们提供更贴近个体需求的学习支持和辅导，从而更好地促进他们的学习效果。

教学模式的研究也应该考虑到现代教育技术的运用，通过结合在线教学平台、虚拟实验室、教育应用程序等现代技术手段，可以丰富教学资源，提供更灵活、更便捷的学习途径，使学生更轻松地接触到丰富的英语学习资源，提升他们的学习效果。通过研究不同的教学模式，可以找到更适合高职学生的教学方式，从而提升教学效果。这样的研究不仅可以提高学生的学习积极性和成绩，还能够增强他们在实际生活和职场中运用英语的能力，为他们的未来职业发展奠定更为坚实的基础。

（四）个性化教学

高职院校学生群体的多样性和差异性是教学中不可忽视的重要因素。针对这一特点，研究不同的教学模式对于实现个性化教学至关重要。通过这种研究，可以更好地满足不同学生的学习需求和兴趣，提高教学的针对性和灵活性。个性化教学意味着将教学内容、方法和资源根据每个学生的特点和需求进行定制。研究不同的教学模式可以为教师提供更多选择，使他们能够更好地根据学生的学习风格、能力水平和兴趣爱好设计教学计划。这种个性化教学能够使教学更加精准，更贴近学生的实际需求。

对不同教学模式的研究还能够为实现教学的针对性提供支持，不同的学生可能对不同的教学方法更为接受和适应，有些可能更偏好互动式教学，而有些则更喜欢独立学习。因此，研究可以帮助教师更全面地了解不同教学模式的优劣势，以更好地选择和调整教学方法，提高教学的针对性。个性化教学的实现还需要多样化的教学资源和工具，研究不同的教学模式可以帮助教师发现并了解多种教学资源的应用方式，包括但不限于多媒体教学、实践案例、虚拟实验室等。这些资源可以更好地满足学生的多样化学习需求，提高教学的灵活性和多样性。个性化教学的最终目的在于激发学生的学习兴趣，提高学习效果。通过研究不同教学模式，教师可以更好地激发学生的学习动力，使其更积极主动地参与到学习中来。这种个性化教学不仅能够提高学生的学习成绩，还能够培养其更全面的能力和素质。

研究不同教学模式对于实现个性化教学至关重要，这种研究有助于提高教学的针对性和灵活性，使教师能够更好地满足不同学生的学习需求和兴趣，从而提高整体教学效果，为学生提供更具有针对性和个性化的学习体验。

（五）适应教学发展

随着科技和社会的快速发展，教学方式正在不断更新迭代。在这个快速变化的环境中，研究高职英语教学模式变得尤为重要。这项研究可以为学校和教师提供宝贵的指导，使他们能够更及时地调整教学策略，以适应教学发展的新要求。

教学模式的研究有助于跟上科技发展的步伐，现代科技的快速进步不断改变着教育领域。通过研究教学模式，可以了解和掌握最新的教学技术和工具，比如在线教学平台、虚拟实验室、智能化学习系统等。这些技术和工具能够提供更多样化、更个性化的教学方式，有助于满足不同学生的学习需求，使教学更具效果和吸引力。教学模式研究也有助于应对社会变革对教育提出的新要求，社会的不断变革与发展带来了新的挑战和需求，教育也需要随之调整。研究教学模式有助于了解社会对于学生所需的新技能和素养，例如创新能力、团队合作能力、跨文化交流能力等。通过更新教学方式和内容，可以更好地培养学生适应社会需求的能力。

教学模式的研究有助于提升教师的专业发展，教师是教学过程中的关键角色，他们的专业水平和教学方法直接影响着教学质量。通过研究教学模式，教师可以不断地更新自己的教学理念和方法，提高教学质量和水平，更好地适应教学发展的新趋势。研究高职英语教学模式对于适应教学发展至关重要，它可以帮助学校和教师跟上科技和社会发展的步伐，及时调整教学策略，满足学生不断变化的学习需求和社会对人才的新要求。这样的研究有助于提高教学质量，推动教育领域的不断进步与发展。

（六）培养创新意识

对教学模式进行研究是激发教师创新意识和探索精神的关键途径。这种研究不仅可以帮助教师了解并掌握不同的教学方式，还能激发他们寻找更有效的教学方法，从而不断提高教学质量。教学模式的研究为教师提供了更广泛的视野和更深层次的理解。通过了解不同的教学模式，教师可以深入探究其优点和特点，理解每种模式的适用情况以及对学生学习的影响。这种了解有助于教师更全面地认识教学的多样性和复杂性，促使他们思考如何运用这些模式来提升教学效果。

对教学模式的研究也能够激发教师的创新意识，了解传统和新兴的教学模式有助于教师思考和探索更创新的教学方式。这种探索精神鼓励教师尝试新的教学方法，探索更有效的教学策略，以满足不断变化的学生需求和教学环境。对教学模式的研究可以激发教师的求知欲和学习动力。教育领域的不断发展和变革需要教师不断更新知识和提高专业素养。通过研究不同的教学模式，教师能够获得新的教学理念和方法，拓宽教学视野，进而增强自身的专业能力和教学质量。最关键的是教学模式研究为教师提供了不断改进和完善教学的机会，教师可以通过研究不同的教学模式，不断反思自己的教学实践，发现教学中的不足和改进空间。这种反思和改进意识有助于教师在实践中不断优化教学方法，提高教学的效果和质量。

对教学模式进行研究可以激发教师的创新意识和探索精神，这种研究不仅为教师提供了更丰富的教学资源和策略，还能促使教师持续地反思和改进教学方法，以不断提高教学质量，推动教育教学的不断进步。

（七）提高教师专业水平

研究教学模式对于教师的专业发展和提高专业水平具有显著的影响。通过深入研究不同的教学模式，教师能够不断学习、更新自己的教学理念和方法，以适应不断变化的教育环境，更好地指导和教育学生。研究教学模式能够为教师提供新的教学思路和视角。了解和掌握不同的教学模式，能够帮助教师拓展思维，深入理解不同教学方式的优劣，并能从中获得启发。这样的学习过程促使教师不断反思和探索更有效的教学方法，激发创新意识和教学热情。

教学模式的研究有助于教师掌握更多先进的教学技能和策略，随着科技的发展和教育理念的更新，教学方法也在不断更新和演进。通过研究教学模式，教师可以学习到最新的教学技术、教学工具和教学策略，如多媒体教学、个性化教学、项目式学习等，从而提升自己的教学水平，更好地满足学生的学习需求。教学模式的研究能够激发教师的学习热情和求知欲，通过探索不同的教学模式，教师可以不断丰富自己的教育知识储备，提升教学技能和素养。这种不断学习和积累的过程，使教师能够更好地适应教育变革的需要，为教学提供更加丰富和有效的教育资源。

研究教学模式也有助于教师加强专业发展的自我反思和评估，通过了解和比较不同的教学模式，教师可以更客观地审视自己的教学实践，发现自身存在的不足和问题，并有针对性地进行改进和提升。这样的自我反思和评估有助于教师不断完善自己的教学方法，提高专业水平。研究教学模式对于教师的专业发展至关重要，通过持续学习和深入研究，教师能够不断更新自己的教学理念和技能，提高教学质量，更好地指导和教育学生，为教育事业的发展贡献更多的力量。

第三节　教学模式的定义和特点

一、高职英语

高职英语是指在高等职业院校进行的英语教育和学习，旨在培养学生在特定职业领域中运用英语的能力，这一教育体系将英语学习与实际职业技能相结合，强调语言技能的实用性和应用性。高职英语注重培养学生的英语交流能力、阅读理解能力及书面表达能力，使其能够在工作中与国际合作伙伴沟通、理解专业文档，并进行有效撰写。同时，高职英语也着重于培养学生的跨文化交流意识，使他们具备在国际化背景下工作的能力和素养。教学内容通常包括了解行业相关的专业术语和知识、学习与特定职业相关的沟通技巧，以及解决实际职业问题的能力。高职英语的目标是为学生提供良好的英语基础，使他们能够成功地融入特定职业领域并与全球范围内的人交流合作。

二、高职英语教学模式的定义

高职英语教学模式是指针对高职院校学生的英语教学方式和策略，旨在强调英语教育与实际职业需求的结合，注重培养学生的语言技能、沟通能力和职业素养。这种教学模式强调的不仅仅是语言知识的传授，更注重将所学知识与特定行业的实际应用相结合。在高职英语教学模式中，实用性和应用性被赋予极高的重要性。教学内容通常涉及特定行业领域的词汇和专业知识，并与实际工作场景相结合，以培养学生在职业领域中有效运用英语的能力。这种模式强调语言技能的实际运用，包括口语表达、书面沟通和专业术语的使用，以确保学生能够在工作中有效地交流和合作。

高职英语教学模式还注重提高学生的学习兴趣和参与度，教学活动通常采用多样化的方式，包括小组讨论、案例研究、模拟情景演练等，以激发学生的学习兴趣，增强他们的学习动机，从而更好地吸收和掌握英语知识。个性化教学也是高职英语教学模式的重要特点，针对学生的差异化学习需求和兴趣，教师会采用不同的教学策略和方法。这种个性化教学有助于满足不同学生的需求，提高教学效果，并促进学生的全面发展。

现代教育技术在高职英语教学模式中扮演着重要角色，多媒体教学、在线学习平台和虚拟实验室等技术被融入教学中，使教学更生动、更具吸引力，并提供更便捷、灵活的学习方式，为学生提供更多元化的学习体验。高职英语教学模式旨在培养学生与特定职业相关的英语能力，强调语言技能的实际应用和专业素养的培养。这种模式不仅关注英语语言的掌握，更着眼于学生在职业领域中的实际应用能力，为其未来的职业发展打下坚实的基础。

三、高职英语教学模式的特点

（一）实用性强

高职英语教学的实用性强调英语语言技能的实际应用，与特定职业领域密切相关，着重培养学生在工作场景中所需的英语沟通能力和专业术语运用能力。教学内容在高职英语课程中直接联系到特定职业领域。这意味着教材和教学内容经常围绕着学生未来职业发展所需的特定行业或领域展开。教师将教学内容贴近实际职业需求，教授行业特定的词汇、相关文档的阅读和书写技巧，以便学生在工作中能够准确地理解和表达。

重点放在培养学生在工作中必需的英语沟通技能上，通过实际场景的模拟、角色扮演和小组讨论，学生有机会练习在不同职业环境中进行口头交流和书面沟通。这种实践性教学有助于他们提升与同事、客户或合作伙伴交流合作的能力，为职业生涯做好准备。教学强调专业术语的学习和应用，高职英语课程注重让学生熟悉和运用特定行业或领域的专业术语。学生将学习相关专业领域的术语表达，并在教学实践中进行模拟使用，以便在实际工作中准确表达和理解相关概念。

高职英语课程也注重培养学生解决实际职业问题的能力。教师通过案例分析、项目实践等方式，让学生学习并运用英语知识解决实际问题，帮助他们培养批判性思维和解决问题的能力。高职英语教学模式致力于将英语语言技能与实际职业需求紧密结合，它不仅注重学生语言基础的打牢，更侧重于培养学生在特定职业领域中所需的实际英语应用能力，确保他们毕业后能够顺利融入职业生涯并成功开展相关工作。

（二）职业性强

高职英语教学模式以职业性为特色，旨在培养学生在特定职业领域中运用英语的能力。这种教学模式将教学内容直接与不同职业领域的实际需求紧密结合，涵盖了相关行业所必需的专业术语、文档撰写、职场交流等多方面内容。教学内容侧重于特定职业领域的英语需求，例如工程、医疗保健、酒店管理、信息技术等。教材和课程安排常围绕着这些领域的专业内容展开，以确保学生在毕业后能够适应并胜任相关职业环境。学生学习并掌握各个职业领域所涉及的专业术语和行业知识，教师着重教授相关行业的术语和表达方式，以便学生能够准确、流利地使用这些术语，与同行或客户进行专业交流。

文档撰写也是教学内容的重要组成部分，学生在课程中学习如何撰写符合特定职业领域规范的文档，例如报告、商业信函、专业简报等。这种实践性教学有助于学生提高书面表达能力，并能够在职场环境中有效地使用英语进行文件撰写和处理。职场交流是高职英语教学模式的核心，学生通过模拟情景和角色扮演等方式练习在工作场景中的英语交流，包括与同事、客户或合作伙伴之间的口头交流和沟通。这种实践能够帮助学生获得更真实的职业体验，培养其在职场中进行英语沟通和合作的技能。

高职英语教学模式旨在确保学生在特定职业领域中能够熟练运用英语，处理相关工作所需的语言技能和专业能力。这种职业性教学模式使学生毕业后能够顺利适应特定行业的工作环境，胜任相应职业角色，为职业生涯的发展打下坚实的语言基础。

（三）多样化教学方式

多样化的教学方式对于高职英语教学至关重要。案例分析是一种广泛应用的方法，通过真实案例的解析，学生能够将理论知识与实际情境相结合，深化对知识的理解与应用能力。模拟情景演练则提供了一个模拟真实场景的环境，使学生在实践中学习，从而培养了解决实际问题的能力。小组讨论则促进了学生之间的互动交流，激发了学生的思维火花。这些教学方式的融合，有效地激发了学生的学习兴趣和参与度，案例分析不仅能让学生深入了解语言背后的文化和社会背景，而且可以培养他们分析问题和解决问题的能力。模拟情景演练则为学生提供了一个近乎真实的语境，让他们在实践中不断调整、反思，逐步提高语言运用的自信心和准确性。小组讨论则鼓励学生分享彼此的见解，从不同角度思考问题，培养团队合作和沟通能力。

通过这些多样化的教学方式，学生们不再是被动接受知识，而是主动参与其中，成为知识的建构者。他们在实践中发现问题、解决问题，在交流中开发思维，不断提升自我。同时，这种方式也更好地适应了不同学生的学习风格和能力水平，让每个学生都能够找到适合自己的学习方式，从而更好地发挥潜力。多样化的教学方式为高职英语教学带来了新的活力和成效。它不仅仅是为了传授知识，更是为了培养学生的综合能力和素质，让他们在未来的工作和生活中能够游刃有余地运用所学，成为具有国际视野和竞争力的人才。

（四）教育技术融合

现代高职英语教学中，教育技术的融合已成为一种不可或缺的趋势，多媒体教学技术的应用为课堂注入了新的活力，通过图像、声音、视频等多种形式呈现知识，使得抽象概念更加直观生动，激发了学生的学习兴趣。在线学习平台则为学生提供了更为灵活的学习方式，他们可以根据自己的节奏和时间安排进行学习，在线资源丰富多样，为学生提供了更广阔的学习空间。

多媒体教学技术的应用丰富了课堂教学形式，教师可以通过 PPT、视频、音频等多种形式呈现教学内容，让学生在视觉、听觉上得到更全面的刺激，更容易理解和记忆知识点。这种形式不仅提高了教学的效果，还使得学生对英语学习产生了更大的兴趣。同时，多媒体教学也为教师提供了更多的教学资源和方法，有助于教师更好地满足学生的多样化需求。在线学习平台的运用使得学生可以随时随地通过电脑、平板或手机接触到丰富的学习资源，课程内容、教学视频、练习题等都可以在平台上轻松获取。这种灵活性使得学习不再受限于时间和地点，学生可以根据自己的时间安排学习，有效提高了学习的效率。而且，在线学习平台还能够记录学生的学习进度和表现，为教师提供数据支持，更好地进行个性化指导和辅导。

教育技术的融合为高职英语教学注入了新的活力和吸引力，它们不仅使得学习更加具有互动性和趣味性，更为学生提供了更为灵活和个性化的学习途径。教育技术的应用不仅仅是技术手段的运用，更是为了更好地促进学生的学习，提高教学效果，培养学生的自主学习能力和终身学习意识。因此，教育技术的融合已经成为现代高职英语教学中的重要组成部分。

（五）实践性教学

实践性教学是高职英语教学模式中的重要组成部分，其核心理念在于强调学生将所学知识与实际工作场景相结合，以提高他们在职场中的应用能力。教学模式注重通过实践性教学方法来加强学生的实际应用能力。这种方法包括模拟实验、案例研究和项目实践等，旨在为学生创造一个更真实、更贴近实际工作的学习环境。通过这些实践性教学方法，学生有机会将课堂所学知识应用到实际工作场景中，培养他们在职业领域中解决问题和应对挑战的能力。

模拟实验是实践性教学的重要形式之一，学生通过模拟实验，可以在模拟的职业场景中应用所学的英语技能和专业知识。这种实践让学生在安全、控制的环境中体验真实工作场景，提高他们在实际工作中的应变能力和适应能力。实际案例是另一种重要的实践性教学方法，教师通过真实的案例让学生了解并分析实际职业环境中的问题和挑战。学生在分析和解决案例中不仅能够巩固所学知识，还能培养分析和解决问题的能力，从而更好地应对实际工作中的挑战。

项目实践是实践性教学中的关键环节，学生通过参与真实的项目，如模拟商业项目或职业实践项目，将所学知识与实际工作场景相结合。这种实践性教学使学生能够在真实的职业环境中应用英语技能，提高其在职场中的实际能力和竞争力。实践性教学是高职英语教学模式中的重要组成部分，通过模拟实验、实际案例和项目实践等多种方式，学生能够将所学知识与实际工作场景相结合，培养他们的应用能力和实际解决问题的能力，为其未来在特定职业领域中的发展奠定坚实的基础。

(六) 不断更新发展

教学模式的不断更新和发展，是为了适应日新月异的职业需求和教育环境的变化，以提高教学质量和适应性。随着科技的不断进步和社会的快速发展，教育领域也需要不断调整和改进教学模式，以满足新时代学生的需求和挑战。这种更新发展的教学模式体现在多个方面。首先，是教学内容的更新，针对不断变化的职业领域需求，教学内容需要与时俱进。教师们会不断更新课程内容，引入最新的行业趋势、技术发展和专业知识，以确保学生在毕业后具备最新的行业知识和技能。其次，是教学方法和技术的更新，随着科技的飞速发展，教育技术的应用在教学中发挥着越来越重要的作用。教师们借助现代化的教学工具和技术，如虚拟实验室、在线学习平台、多媒体教学等，使教学更具互动性、生动性和灵活性。这些新技术不仅提高了教学效果，还丰富了学生的学习体验。

教学方法的不断创新也是教学模式更新的重要方面，教师们探索和应用各种创新的教学策略和方法，比如个性化教学、协作学习、项目式学习等，以满足不同学生的学习需求，并激发他们的学习兴趣和潜力。教学模式的更新也体现在教师的专业发展和培训上，教师需要不断提升自己的教学水平和专业素养，参与教育培训和学术研讨，更新教学理念和方法，以更好地适应新时代的教育需求，提高自身的教学水平和质量。

教学模式的不断更新和发展是为了适应不断变化的职业需求和教育环境，通过更新教学内容、采用新技术、创新教学方法以及教师的专业发展，教育机构能够提供更贴近实际、更富有启发性和更具适应性的教学，为学生提供更好的教育服务。

第四节 文献综述

目前，高职教育正面临着社会经济快速发展和国际化竞争加剧的挑战。在这一背景下，高职英语教学模式改革显得尤为重要。改革的形势是多方面的，随着科技发展和全球化进程，国际的交流与合作日益频繁，高职英语教学模式需要适应这一趋势，培养学生的跨文化交际能力、实际应用能力和创新意识，使他们能够胜任国际化的职场环境。改革的意义在于提高教学质量和服务水平，优化教学模式、更新教学内容、改进教学方法可以更好地激发学生的学习兴趣，提高教学效果，更好地满足不同学生的需求，培养符合社会需求的高素质人才。改革也意味着教师专业素养的提升和教学理念的创新，教师需要不断提高自身的英语水平和专业素养，灵活运用现代化教学手段和资源，不断改进教学方法和手段，为学生提供更优质的教育服务。

高职英语教学模式改革在当今教育环境中具有重要意义和紧迫性，随着全球化发展和科技进步，对英语教学模式进行改革对于适应社会需求、提升学生综合素质至关重要。全球化形势下，国际交流日益频繁，改革能促进高职英语教学贴近国际标准，培养学生跨文化交流能力，例如通过开设国际化课程、组织国际交流项目，帮助学生更好地适应全球化职场。技术革新对教学模式提出新要求，引入信息技术、网络教学平台等现代技术，如在线课堂、虚拟实验室，使学习更灵活多样化，提升学生自主学习能力。进一步，改革可更好地满足学生需求，激发学习兴趣，举例来说，通过项目式教学或实践案例，使学习更贴近实际工作场景，激发学生学习的主动性和实践能力。

改革也有助于提高教学质量和教育水平，优化教学资源分配，采用灵活的评估方法，鼓励创新性思维，以及培养解决问题的能力，能够更好地评估学生的实际掌握程度。改革也意味着教师角色的转变，教师需要拓展教学理念，掌握先进的教学技术，成为教学和学习的引领者。例如与学生进行更多互动，鼓励思辨性思维和自主学习。

高职英语教学模式的改革势在必行，这种改革有助于提高学生综合素质、促进教学质量、更好地适应社会发展需求，同时，也对教师的教学理念和方法提出了更高的要求。它不仅关乎学生的学习效果和未来发展，也关系到高职教育整体水平的提升。改革将促进高职教育与社会实际需求的对接，培养更加符合时代要求的应用型人才，为我国高等教育的健康发展提供重要支撑。

第二章　高职英语教学的理论基础

第一节　建构主义理论

一、建构主义的概念及发展

（一）概念

建构主义理论是一种教育理论和学习观念，强调学生通过自身的经验和参与活动来建构知识和理解知识。主张学习是一个积极主动的过程，学生在探索、体验、互动中建立对世界的理解。建构主义自始至终都是提倡以学生为中心的一种课堂教学主义，在整个课前、课中、课后教学链中，核心都是学生，教师在教学链中扮演的角色是学生团队的领导者，学习方向的引导者，学习过程中的协助者，课堂主体不再是教师而是学生。在以建构主义为主导的学习改造过程中，教育者应当从传统意义上的课程授课中的传播知识、灌输知识，转型为学习者建立建构意识过程中的辅助者。

（二）发展

建构主义理论作为一个重要观点，诞生于瑞士杰出心理学家皮亚杰所提出的"发生认识论"中。在此基础上，20世纪50年代末和60年代初，美国心理学大师布鲁纳指出教学应以"学习者为中心"的理论，其中所要阐明的主要思想是，知识不应该由老师直接单向灌输给学生，而应该是学生为主体，在老师的指引下，以"学"为中心，激发学习者的主观能动性，内生动力，自觉地建构学习经验，通过新旧学习资料不断地交融，使自身的知识经验和认知水平得到改造与升华。建构主义重在学习过程中学生的主动作为、建构意识乃至情境的创造意识，提出深度的合作学习、生动的情境教学和深远的意义建构，对深化高等职业英语的教学改革工作有着深远的影响。

二、建构主义的四个重要因素

建构主义有四个重要因素，包括语境（情境）、协作、会话和意义建构，在建构主义教学过程中，学生发挥了关键性的作用，教师在教学过程中是引导者，需要及时引导监督学生，并充分利用自身熟悉的建构主义各种因素把学生学习主动性和积极性统统提升起来，由此学生便可以对所学知识进行意义建构达到最佳效果。在建构主义理论下创设的新型英语阅读教学环境相对于过去的传统英语阅读环境而言，新模式下的教师、学生、教材和媒体各要素之间的性质和作用都发生了变化。由于他们彼此之间相互作用和联系，使它们成为了区别于传统英语阅读教学活动以外的一种模式，且教师、学生、教材和媒体各要素之间形成了一种比较稳定的结构网，这种结构网即是基于建构主义理论创设的新型英语阅读教学模式。

（一）情境

"情境"是指教师在课堂教学过程中，创设和课堂教学内容相同的情境，在意义构建过程中，能够一定程度上为学生提供帮助。在课前，教师要认真思考如何在课堂上模拟出适合适宜的情境，以这一要素进行意义建构，因为情境作为四大要素之一，在适宜的情境中进行教学能够起到最佳的作用。情境教学在面对不同情况、不同层面的教学中都可以模拟出其适宜的情境，今后在各类教学过程中，使用创设情境的教学手段概率将会大大提高。

（二）协作

"协作"是指在教学过程中，对于相关的教学活动进行共同学习、互相帮助，以此来收集相关资料、对知识进行假设建构意义、评价学习成果和完成知识的意义建构等，它在整个过程中起着连续的关键性作用。

（三）会话

"会话"指的是通过讨论来解决教师在教学过程中布置的各项教学任务，在这个过程中，生生互动，师生互动都可以算为"会话"活动，其获得的最后成果是完成教学任务的因素，也是参与会话成员集体的学习成果。它对所学习新知识的意义建构也是十分重要的。

（四）意义建构

"意义建构"指的是在整个学习过程中最后的目标，寻找到事物的规律、性质和事物之间存在的联系被认为是建构的意义。它可以在学习过程中帮助学生理解事物本身及事物与事物之间的内在关系。

在这个教学模式下，知识的意义是学生主动建构的，在整个过程中学生是核心，教师扮演的是给学生答疑解惑的角色，学生凭借自身建构意义的对象是课本所传授的知识，而并非老师课堂讲授的具体内容，媒介是用来作为学生主动学习和共同利用的认知工具，而非帮助教师传授知识的工具。新型英语阅读教学模式是在建构主义学习环境中产生的，教师在设计新型教学模式内容时，要区别于传统阅读教学。

三、建构主义的注意点

建构主义要注意以下两点：①情境要符合教学内容，要放入到具体教学内容里去；②注重将交谈和合作这两种方式运用于师生之间、小组之间。基于建构主义理论的这种新型的教学模式对于师生互动，生生互动起到了一定的推动作用，当前英语职业教育面临着严峻的问题，即学生英语基础薄弱，英语学习目的不明确，学习英语的积极性不高等，这些都是高职英语教师急需探讨和解决的问题，只有将这些问题解决好，才能真正做到服务学生，体现以学生为中心的原则与宗旨。目前，大部分高职学校英语教学情况不容乐观，传统的教学方式已无法满足学生的需求和兴趣，学生大多处于被动式的学习状态，大部分学生都是机械式地完成老师布置的任务，对于自己学习英语的初衷和作用实则并不清楚，因此，教师应该在运用建构主义理论思想的前提下，始终贯彻"以学生为中心"的核心思想，以学生的个性为特性教学导向，以此激发学生自主个性学习兴趣，让学生主动学习英语。将被动学习向主动学习的状态发展，使学生在英语学习过程中真正地感受到快乐和收获，满足学生的自信心和成就感，从而提升他们学习英语的热情，让学生发自内心的热爱英语，学习英语。

第二节 ESP 理论

一、ESP 理论的概念及发展

行业英语起源于 20 世纪 60 年代末期，通常有广义和狭义两种理解，专门用途英语是广义的行业英语，Jordan（1997）将其分为两大分支，职业英语和学术英语，即指向某特定领域的情景英语知识；职业英语则是狭义的行业英语，是介于普通英语或公共英语与专业英语或专门用途英语之间的一种行业通用英语，即职业英语涉及用英语表述各种相关的通用行业术语的表达。换句话说，用通俗的英语表达专业领域一般性的知识。由以上定义的诠释，ESP 专门用途英语或是与某种特定职业相关，或是与某个学科相关。后续有学者对专门用途英语教学做了进一步的细化，他指出，ESP 与普通英语相对照，具有如下特点：首先，关联特定专业和职业，无论是教学内容还是语言运用都应该和专业及职业息息相关；其次，是对于学习主体而言，能够满足特定学习者的需求。该理论重在阐明为了满足各个学习者的不同需求，一定要对其目标环境进行分析，进而探究其学习目的，由此语言才能满足不同学习者的不同需要。

行业英语的教学在国外研究中涉及各个专业，无论研究的广度，抑或是其深度，对我国的相关教学都起到了很大的影响。我国的行业英语教学研究大致分为两个阶段：前期主要以介绍西方理念为主，从20世纪90年代开始，行业英语教学在我国大范围推广和深入。这是因为，国内外语界专家对大学ESP的教学与研究表明专门用途英语教学将成为21世纪英语教学的主流，它会与某一个方面的专业知识或某一个学科结合起来，ESP从长远角度看是我国高校英语教学的主流，复合型和实用型人才是当下用人单位对学生的需求，为了迎合这一需求，基础英语教学必须转型为专门用途英语教学。

高职英语是大学英语的一个分支，必然会实施ESP教学，高职英语教学通常分为基础英语和行业英语两个阶段，这两个阶段的教学内容应该自然衔接，或将行业英语教学渗透到教学的全过程。近几年，行业英语教学的相关研究数量众多，内容丰富，而且不乏创新，也足以说明其在高职院校英语教学中的分量。

二、高职院校ESP行业英语教学的必要性

（一）高职教育的培养目标

高职行业英语教学正是契合了职业教育对于学生职业能力的定位，能够满足学生走上工作岗位后学习与发展的需要，体现高职教育的目标，培养各个行业生产和服务一线高级应用型技术人才。高职行业英语教学还提出两个"并重"，打好学生的语言基础和培养语言应用能力并重，训练学生的语言基本技能和培养实际从事涉外交际活动的语言应用能力并重。经济全球化的发展催生了社会对于复合型人才的需求，这个复合型当然指既精通专业，又拥有相当的外语能力。为了实现这一目的，高职教育的课程设置必须具备相关的特色，表现在英语学科即是行业英语的教学改革。人才市场的需求结合学生实际，了解行业企业对学生外语技能的要求，培养的过程中，注意以学生能力为本位，强化就业导向，这些改革举措都为学生的未来就业进行了良好的铺垫。

（二）高职学生的学习需求

近几年的教学中，能明显感受到高职学生英语水平的逐渐提高，这也是必然的。学生虽然地域不同，但大部分都是从小学就开始了英语的学习，累积近十年的时间。在未实施ESP行业英语教学之前，高职英语的主要教学内容以基础英语为主，可以说，教学内容与中学英语互相交织、存在重复，这势必会影响一部分英语基础好的学生对于该学科的喜爱，由于缺乏挑战，他们学习英语的热情必然不高。由基础英语向

行业英语转型，能更好地服务于学生所学专业，贴近其职业需求，为他们在未来就业及职业发展方面提供辅助，并能助力于培养打下扎实基础、掌握一定理论、实操能力强、有意识发展提升自己的高素质职业人才。

三、ESP 教学模式的建立

基础英语教学阶段，教师重在加强学生对于语言知识和技能的掌握，后续根据需求分析理论开设 ESP 教学，符合各专业对于英语的实际需求，也是基础英语的延续或扩展，符合语言的习得规律。

任何专业外语的教学都必须以一定的专业知识为基础。ESP 教学最好是开在学生的专业课学习之后。因为有了专业领域的基本概念和理论，又积累了一定的专业背景知识，可以帮助学生搭建母语与目标语之间的对应关系，对目标语的学习起到了良好的促进。外语学习的两个阶段：基础英语和行业英语不应人为地分开，而应有效地联系起来。教指委颁发的《高职英语课程教学要求（试行稿）》中明确标明，应树立以学生为中心的教学理念，融"教、学、做"为一体。

教学中形成以注重培养学生的语言应用能力，尤其是听说能力的教学模式。教学中通过教法的探索，遵循《高职英语教学大纲》的要求，将第一学期 EGP 的基本教学阶段和第二学期 ESP 的应用改进教学阶段相结合，循序渐进推进高职英语的课程教学。高职英语的任课教师在教学方法上可以进一步提升，教学中力争创设相对真实的行业环境。学生在这样的情境下，会被激发起强烈的解决实际任务的意愿，教师因势利导积极培养他们解决问题的能力，师生合力会取得更好的效果，从而帮助学生将英语知识和专业技能结合起来，提高英语的综合使用能力。

第三节　情境认知理论

一、情境认知理论的概念

情境认知理论在高职英语教学中有着重要的应用，该理论强调学习者在学习过程中对知识的构建和理解是依托于特定的情境或环境。在高职英语教学中，情境认知理论对教学方法和内容设计产生着深远的影响。情境认知理论强调学习与环境之间的互动，强调学习者在特定情境中的学习和应用能力，在高职英语教学中，教师可以通过创造具有实际意义的学习情境，提供与学生未来职业相关的语境化学习体验，促进学生对英语知识和技能的理解和应用。

情境认知理论属于常规教学理论之一，在 20 世纪末期的时候，西方教育理论发展过程中，就开始出现并兴起了情境认知理论。实际上，情境认知理论将实践学习和理论学习结合到一起，并且学习期间与教学情境脉络息息相关。从某种程度上讲，该理论指出，知识不是单独存在的，而是相对动态化的，同时也是知识的一种重构。大学英语教学的整个过程中，有效应用情境认知教学法，可以增强学生自主意识，确保学生全面掌握语言技能，而且还有助于英语教师创新教学方式，综合提升学生的学习效果。

二、情境认知理论的模式构建

在高职英语教学中，情境认知理论强调学习环境对知识获取和理解至关重要。教师在教学中需要创造符合学生未来职业领域的学习情境，以促进他们对英语知识的理解和应用。

（一）引导学生进入情境

通过模拟实际场景，教师可以为学生营造出具有职业相关性的学习情境。举例来说，模拟商务会议可以让学生扮演不同角色，进行商务谈判、沟通和讨论，从而让他们更深入地了解商务领域的英语应用。类似地，医学案例分析可以让学生探讨病例、讨论治疗方案，并用英语描述病情和治疗过程，提升他们在医学领域的语言运用能力。此外，模拟信息技术项目可以让学生参与项目讨论、撰写技术文档，帮助他们熟悉信息技术领域的英语表达。

这种以实际场景为基础的学习环境能够激发学生的学习兴趣，通过真实情境的模拟，学生更能够将学到的英语知识与实际职业需求联系起来，从而更加深入地理解和应用所学的内容。教师创造的这些情境化学习体验能够激发学生的参与度，增强他们的学习动力，并使他们更好地准备好未来职业领域所需的英语能力。

（二）情境体验

就英语思维方式而言，大学英语教学期间促使学生在体验情境中学习，可以提升学生英语思维水平，从而保证学生能够准确深入地对文章内容进行理解。与此同时，情境体验期间，教师应该鼓励学生跟随作者写作思路进行文章内涵理解，保证以积极主动心态开展阅读活动，最终形成属于自己的英语式思维。通常情况下，情境体验方法包括以下三种：第一，内容任务法。借助内容任务法，可以在无意识中获取语言习得条件，在一定程度上忽略语言障碍，并将技能学习作为核心内容，顺利制定以内容学习为主的教学任务，发挥英语阅读的学习工具作用，让学生在沉浸式内容理解或者是思考中，不断提高自身英语阅读能力。第二，作者扮演法。借助该方法，可以充分发挥社会建构主义思想的积极作用，增强学生对于阅读对象的深入理解水平，包括作者文化背景与社会地位等。与此同时，在作者与读者进行思想交流的时候，必须让阅读对象真正理解文章背后作者所要表达的意图。所以说，大学英语教学过程中，为了更好地引导学生深入感知作者意图，教师应该在学生阅读前就向学生灌输一些关于作者个人的信息，从而让学生从作者思维方式入手，在主动思考的基础上，增强阅读能力。第三，推理判断法。在该方法应用的过程中，教师可以将英语阅读作为心理语言猜测性游戏，引导学生就书面信息进行猜测，然后结合自身背景知识，在整个阅读过程中尝试假设、推理以及推断等，更好地培养自身的理解能力。

情境认知理论强调学习应该发生在真实且有意义的情境中，这一理论在高职英语教学中具有重要意义。教师可以结合学生所学的专业领域，将英语学习与相关的专业知识有机地相结合。通过讨论案例、阅读真实行业文献等方式，学生能够在真实的专业情境中学习并应用特定领域的英语表述专业术语。案例讨论可以将学生置身于真实的问题和情境中，通过分析真实的案例，学生可以学习到在特定专业领域中使用英语的技能和技巧。情境化学习可以让学生更深入地理解专业知识，并将其与英语技能结合，提高语言运用能力。阅读真实的行业文献也是促进语境化学习的重要手段，教师可以选取与学生所学专业相关的期刊文章、行业报告或研究论文，并引导学生进行阅读和理解，通过这种方式，学生不仅能够接触到真实的专业信息，还能够学习到在该领域中常用的专业术语和表达方式，从而提高他们的专业英语水平。

教师还可以设计项目型学习或模拟实践活动，让学生在模拟的专业情境中应用英语。例如设计专业报告、展示项目、模拟商务会谈等活动，让学生在实践中运用专业英语，提升他们在特定领域的语言能力和专业素养。通过将英语学习与专业知识相结合，学生在高职英语教学中能够在真实、具体的情境中学习和应用语言技能。这种情境化学习不仅提高了学生的语言水平，还使他们更好地适应未来职业发展的要求，培养了他们的专业能力和实践能力。

（三）情境演绎

从某种程度上讲，英语教学的根本目的在于让学生真正学会应用英语这门语言，将听、说、读、写作为有机整体，充分发挥语言学习的积极作用。英语教学中的情境演绎教学主要划分为四个层次：首先，朗读与复述。在高职英语教学中，情境认知理论强调问题解决和应用性学习的重要性，教师可以通过设计问题解决式的学习活动，培养学生的实际应用能力，让他们能够在特定职业领域中灵活应用所学的英语技能。通过问题解决式学习活动，教师可以让学生面对与所学专业相关的实际问题，例如在商务英语教学中，学生可能被要求模拟商业场景，解决销售策略、市场营销或跨文化沟通方面的问题。这些活动鼓励学生主动应用所学的英语知识和沟通技巧，从而加深对专业知识和语言技能的理解，并提高在特定职业场景中的实际应用能力。

其次，情境认知理论强调学习者在真实环境中的学习和应用。在高职英语教学中，教师可以设计真实场景模拟的活动，让学生运用英语技能应对特定职业领域的挑战。例如医学英语课程可以设计临床场景模拟，要求学生以医生或患者的角色进行交流，加深他们对医学领域英语应用的理解。这种问题解决和应用性学习培养了学生的实际技能和解决问题的能力，学生不仅仅是被动地接受知识，而是在主动参与解决问题的过程中，运用英语技能进行思考、沟通和决策。这样的学习活动促进了学生的批判性思维和创新能力，为他们在毕业后更好地适应和应对职业环境做好了准备。

最后，情境认知理论指出学习往往是情境特定的，但也强调了学习在不同情境之间的转移。在高职英语教学中，教师的任务不仅是传授知识和技能，更重要的是帮助学生将所学应用到不同情境中，培养他们的知识迁移能力，使其能够更灵活地运用所学知识和技能，更好地适应未来的学习和工作需求。

第四节 能力本位理论

一、能力本位理论的概念和发展

能力本位教育意为"以能力培养为中心的教育教学体系"，该教学模式是美国休斯顿大学以著名心理学家布鲁姆的"掌握性学习"和"反馈教学原则"以及"目标分类理论"为依据，开发出的一种新型教学模式，是20世纪60年代发展起来的世界范围内的教育培训思潮，是一种国际上流行的职业教育体系，也是目前国际上职业教育改革的发展方向。它以重视获得岗位操作能力为目标，提倡以能力为基础。该思潮主张职业教育的主要任务是提高教育者的从业能力，而不是知识水平，以全面职业角色活动为出发点，以提供产业界和社会对培训对象履行岗位职责所需要的能力为基本原则，强调学员在过程中的主导地位，其核心是如何使学员具备从事某一职业所必需的实际能力。

美国休斯敦大学并非CBE的起源地，而是在全球范围内，包括欧洲、加拿大和澳大利亚等国家和地区，都在不同程度上实施了这种教育模式。布鲁姆（Bloom）的贡献在于其对教育的研究和贯彻实践，尤其是在"掌握性学习"和"反馈教学原则"方面。然而，CBE教学模式的发展涉及许多学者、教育家和实践者的贡献。

二、能力本位理论的核心理念

（一）强调个体学生的实际技能和能力，而非单纯的知识掌握

能力本位教育是一种教育方法，专注于培养学生在特定领域内的实际技能和能力，而不仅仅是简单地传授和接受知识。传统教育通常侧重于知识传授和考试成绩，但CBE强调的是学生在实际应用中展现的能力。这种教育模式重视学生在特定领域内

的实践能力，例如解决问题、分析情况、应对挑战等。CBE 的核心理念在于确保学生不仅掌握理论知识，而且能够运用这些知识解决现实问题。它鼓励学生通过实践和体验来学习，例如通过项目、案例研究或模拟场景，让学生积极参与并将所学应用于实际情境。重点是培养学生的实际操作技能、分析思维和解决问题的能力。评估在 CBE 中也与传统教育有所不同。CBE 的评估更侧重于学生在实际情境中的表现，而非单纯依赖于课堂考试成绩。学生通常需要展示他们所掌握的技能，并在实践中展示其能力水平。这种评估方式更加贴近实际应用，并鼓励学生在实际操作中不断提升自己的能力。

能力本位教育强调的不仅是知识的传授，更重要的是学生在特定领域内的实际技能和应用能力。这种教育模式致力于培养学生在未来工作和生活中所需的技能和能力，使他们更好地适应并成功应对不断变化的现实挑战。

（二）明确目标来评估学生的学习成果，而非依赖于传统的分数和考试

能力本位教育强调以明确的目标和标准来评估学生的学习成果，而不依赖于传统的分数和考试。在传统教育中，学生的成绩通常仅仅基于考试得分，这种评估方式往往无法全面反映学生的实际能力和技能水平。相比之下，CBE 通过设定明确的学习目标和标准来评估学生的成果。这些目标是针对特定技能和能力的要求，可以是实际项目的完成、技能展示、工作表现等。在 CBE 中，学生需要达到预先设定的目标和标准，这些标准是根据所要掌握的技能和知识来确定的。学生的学习成果被评估是否符合或超出这些标准。评估的方式可以包括实际项目成果展示、口头呈现、作品集展示、实地操作等多种形式，这些方法更能准确地衡量学生的实际技能和能力。

通过明确的目标评估学生的学习成果，CBE 为学生提供了更具实质性的学习体验。学生知道他们需要达到什么标准，并且可以了解到自己在实现这些目标上的进展情况。这种评估方式也鼓励学生更多地参与学习过程，注重实际应用和实践操作，而不是单纯为了应付考试而记忆知识。同时，这种评估方式也有助于教师更好地了解学生的学习情况，为他们提供个性化的支持和指导。CBE 通过设定明确的目标和标准来评估学生的学习成果，强调学生在实际技能和能力方面的表现。这种评估方式更加符合现实需求，能够更全面地反映学生的实际学习成果和能力水平。

（三）学生完成学习和实践后，进行技能和能力水平评估

能力本位教育（CBE）着重于学生完成学习和实践后对其技能和能力水平进行评估，这种教育模式注重学生在实际应用中所展现的技能和能力，评估则是一个关键的环节，帮助衡量学生在特定领域内所达到的水平。学生完成一定程度的学习和实践后，CBE 通常采用多种形式进行评估。评估方式可以是实际项目成果展示、口头演示、实地操作、模拟情境、作品集展示等。这些方式能更准确地展示学生在具体技能和能力方面的水平，并且使学生能够以实际的方式展示他们所学到的知识和技能。

CBE 的评估也更注重个体学生的发展轨迹和进步，而不是简单地对照标准答案或固定的评分标准。评估过程可以帮助学生了解自己的强项和需要改进之处，为他们提供更具针对性的反馈和支持。这种基于实际能力和技能的评估有助于激发学生的学习兴趣和动力，因为他们知道自己的努力将以实际的能力提升和表现反映出来。同时，这也能更好地满足现实世界对实际技能和应用能力的需求，为学生未来的职业发展做好准备。

能力本位教育强调学生完成学习和实践后对其技能和能力水平进行评估，这种评估方式更能反映学生的实际学习成果和能力发展，为他们提供了更具实质性和个性化的学习体验。虽然 CBE 有许多优点，例如提供更贴近实际需求的教育、个性化学习和更好的就业机会，但它也面临一些挑战，例如需要更多的资源、教师培训和学校课程的重新设计等。CBE 的实施通常需要制定清晰的学习目标和标准，设计基于实践和项目的教学方式，并提供实时反馈以便学生改进。这种教育模式更加强调学生个体的学习进度和方式，促进学生的自主学习和发展。

第五节　职业能力培养理论

一、职业能力培养理论的概念

职业能力指的是人们在开展工作的实际过程中，通过多种能力来解决问题的一种综合性能力。职业能力一般由三个基本要素组成，分别是：驾驭工作的能力体现，即任职资格；专业素质的体现；职业生涯管理能力的体现。例如英语老师在教授英语课程的时候，只是掌握了英语专业知识远远不能取得想要的教学效果，他们还需要具备课堂组织能力、知识传授能力、专业引导能力、学术拓展能力等，需要充分利用自身具备的各项技能来完成教学任务，达到既定的教学目标，这才能称为职业能力。职业能力是开展过程的时候需要具备的基本能力，是顺利完成工作目标的先决条件，要想高效率、高质量地完成工作，并取得优异的成绩就必须要具备职业能力，这是一个人胜任岗位需求的必要条件。职业能力对职业的发展具有重要的影响。

对于英语职业能力也有不同的理解，但是无论出于哪种解释，它们都具有一定的相同点，就是一种由学生的专业技能和重要技能共同构成的能力，是学生在工作岗位上需要承担的一种责任，而且还是要完成岗位需要达到工作标准的一种综合能力，其中最为重要的是学生的行动能力和人际交往能力，学生只有不断地进行自我认知、自我提升，才能灵活应对职场带来的压力，从而对自己有真正的了解和认识。

二、高职英语中职业能力培养理论的构建

高职英语具有职业性，高职英语和传统的英语教学模式相比具有的最大优势在于能够使其成为学生步入社会进行社交的最大优势，因此，为了能够帮助学生灵活运用高职英语增加自己在职场上竞争的实力，就需要在开展高职英语教学的过程中，将重点放在培育学生的职业能力方面。另外，教师在针对高职英语教学制定教学目标时，也要针对专业岗位实际需求对教学内容进行适当的调整，将教学方向转移到培育职业能力方面上，开始实施提升学生职业能力，灵活应用高职英语的教学方式。在课堂教学过程中，以英语应用能力为目标，按照英语教学原则，以及实际岗位需求对学生进行实践训练，不断提升学生的职业能力。

以往高职院校的教师在教授英语课程的时候，都是将传授知识放在首要位置，而相对会忽略职业技能方面的教授，主要原因是教材更新速度较慢所造成的。在传统的高职英语教学过程中，对于职业技能的教学内容非常少，对于英语单词和语法等方面的培训内容较多，而教师制定教学目标，开展课堂教学主要是以教材为主，所以就导致职业技能培训方面的较为缺乏。基于此，在对高职英语教材进行优化改革的时候，需要加强对学生职业能力方面的培养和重视，要为促进学生全面发展，帮助学生顺利就业奠定坚实的基础。

长期以来，在高职英语教学中，一直都是将学生的英语等级考试作为评价学生英语水平的重要参考标准，而且在高职英语教学过程中总是以应试教育为中心开展教学工作，重在培养学生的英语基础知识和英语应用能力，并将此作为教学目标和教学任务。但是这与当前提出的"实用为主、应用为目的"的目标缺乏紧密的联系，导致高职英语教学定位未能与当前的职业岗位需求相匹配，培养的人才也难以满足企业需求。在高职英语教学过程中，明确的课程目标和教学定位具有重要的作用，是顺利开展英语教学工作，完成教学任务的关键性条件。因此，需要以就业为导向，以培养学生的英语应用能力为目标，将培养学生的职业能力为重点，不断提升学生的英语实际应用能力，在学生在步入高职院校的时候就要对学生进行专业教育，让他们对未来有明确的职业规划，确定职业定位，并通过对自己专业的了解，强化对未来职业的认同感。

在高职英语教学中，要让学生早早树立职业意识，并要在整个教育教学过程中始终贯穿职业教育理念。通过模拟场景训练、实际操作训练等让学生体会到在教育过程中责任心、耐心具有的巨大作用，让他们在未来的职场中也能具备这些素养。在整个教学过程中，培养学生的职业能力和提升学生的职业素养应该是重中之重。学生只有确定了未来的职业发展目标，提升了自身的职业能力和职业素养，才能为后期顺利就业奠定坚实的基础。

第三章　高职英语专业建设及课程设置

第一节　概述

一、高职英语专业建设

高职英语专业建设是指在高等职业教育领域内，针对培养英语专业人才，构建和完善相应的教学体系和课程设置的过程。这个建设旨在为学生提供全面系统的英语语言基础、专业知识和实际应用能力，以应对全球化背景下的职业需求和社会发展。这个专业建设旨在培养学生的语言能力、跨文化交流能力和专业技能，包括听、说、读、写各方面的语言能力，以及扎实的语法、词汇基础，有效的交际技能和文化意识。教学内容涵盖英语语言学、文学、翻译、跨文化交际等方面，同时还着重培养学生在专业领域中的应用能力，例如商务英语、计算机辅助翻译等技能。此外，高职英语专业建设也应注重实践教学环节，包括实习、实训和项目实践等，以提升学生的实际操作能力和解决问题的能力，同时，结合行业需求，建立与企业合作的实践基地，让学生接触到真实的工作场景，提升他们的职业素养和就业竞争力。

在教学方法上，高职英语专业建设应该注重多元化教学手段的应用，包括互动式教学、项目式学习、在线教育等，以满足学生不同的学习需求和学习风格。高职英语专业建设旨在为学生提供全面的英语语言能力和专业知识，培养适应现代社会和职业需求的英语专业人才，以促进他们在职业领域内的成功发展。

二、高职英语专业课程设置

高职英语专业的课程设置致力于提供全面系统的英语语言基础和专业知识，旨在培养学生多方面的能力。课程涵盖了英语语言基础，包括听、说、读、写等方面的训练，强调语法、词汇和语言表达能力的提升，以建立学生扎实的语言基础。专业课程覆盖了英语语言学、文学、翻译理论与实践、跨文化交流等领域，旨在让学生深入了解语言的本质和文化差异，培养他们的专业视野和文化意识。

课程设置涉及专业应用技能，如商务英语、旅游英语、计算机辅助翻译等，以培养学生在特定领域内的实际运用能力,实践教学环节如实习、实训、项目实践等为学生提供与实际工作相关的经验,促进他们的实际操作能力和问题解决能力的提升。综合素质拓展课程、英语语言基础课程、英语专业课程、专业应用课程,实践教学环节、综合素质拓展课程,这些课程设置的目标在于培养学生具备良好的语言能力、跨文化交流技能,以及相关领域的实际应用能力,以适应当今多元化和全球化的职业需求。

(一)英语语言基础课程

英语语言基础课程在高职英语专业中是至关重要的,它涵盖了英语听力、口语、阅读和写作等方面的内容,旨在全面培养学生的语言能力。首先,听力课程致力于训练学生倾听和理解英语的能力,帮助他们提高听力技能,包括听懂不同口音和语速的对话、讲座或录音内容。其次,口语课程注重学生口头表达的能力,通过练习对话、演讲和口语交流,培养学生自信、流利地表达观点和思想的能力。同时,阅读课程旨在提高学生阅读理解能力,包括阅读不同类型的文章、文学作品或专业文献,并理解其中的主要观点和信息。最后,写作课程重点在于培养学生书面表达的能力,帮助他们掌握语法结构、丰富词汇,以及撰写不同类型的文章或报告的技巧。通过这些课程,学生将建立坚实的语言基础,包括语法的正确运用、词汇量的积累和语言的流畅运用能力。这些能力对于学生未来的专业发展和跨文化交流至关重要,为他们在职业领域中的成功奠定扎实的基础。

(二)英语专业课程

英语专业课程对于高职英语专业学生的学习至关重要,涵盖了多方面的内容,旨在让学生深入了解英语语言和相关文化,拓宽专业视野。首先,英语语言学课程着眼于英语的结构、语音、语法、语义等方面,帮助学生深入了解语言的本质和特点。其次,英美文学课程通过探索英语国家的文学作品,包括诗歌、小说、戏剧等,让学生了解英语文学的历史、发展和文化背景,丰富其文化素养和审美视野。接着,翻译理论与实践课程帮助学生掌握翻译原理和技巧,培养其翻译能力,并了解翻译在不同领域的应用。最后,跨文化交流课程强调不同文化间的交流和理解,让学生了解不同文化背景下的交流挑战和技巧,培养其跨文化沟通能力。这些课程的学习有助于学生更全面地了解英语语言和文化,提高他们的文化意识和专业素养。通过深入学习这些内容,增强对英语专业的理解和兴趣,为他们未来的职业发展和跨文化交流提供坚实的基础。

(三)专业应用课程

专业应用课程是高职英语专业的重要组成部分,着重培养学生在特定领域内的实际应用能力,以满足不同行业的工作需求。商务英语课程旨在让学生掌握商业领域的英语专业术语和交流技巧,使他们能够在商务环境中进行有效的沟通和合作。旅游英语课程涉及旅游行业所需的语言和文化知识,让学生了解旅游服务中的专业术语和表达方式,以胜任与游客的交流和导游工作。计算机辅助翻译课程则注重教授学生如何运用计算机技术辅助进行翻译工作,掌握翻译软件和技术的应用。这些课程结合实际行业需求,为学生提供相关领域的专业知识和实际操作技能,使他们能够适应并胜任各个行业中的英语专业岗位。通过学习这些专业应用课程,学生将掌握特定领域所需的专业知识和技能,为他们未来的就业和职业发展打下坚实基础。这些课程的学习将帮助学生更好地适应不同行业的工作环境,为他们的职业生涯做好准备。

(四)实践教学环节

实践教学环节是高职英语专业课程中至关重要的组成部分,包括实习、实训和项目实践等,旨在让学生在真实的工作场景中锻炼和应用所学知识,为未来职业发展做好充分准备。通过实习,学生有机会在实际工作环境中应用英语语言和专业知识,与真实的工作团队合作,了解工作流程和职责。实训课程则提供模拟的工作环境和案例,让学生在模拟情景中进行角色扮演和练习,培养实际操作能力和解决问题的技能。此外,项目实践课程通过学生参与真实项目或课题研究,让他们应用英语专业知识解决实际问题,锻炼团队合作和项目管理能力。这些实践教学环节能够帮助学生将课堂所学知识与实际工作相结合,提升他们的实际操作技能和应变能力。同时,这些经历也为学生积累实际工作经验,丰富其履历,提升竞争力。通过与实际工作场景结合的实践教学,学生能够更全面地了解和适应工作环境,为未来的职业发展做好充分准备,使他们具备更高的就业竞争力和职业发展潜力。

(五)综合素质拓展课程

综合素质拓展课程在高职英语专业中扮演着重要的角色,旨在培养学生的综合素质和职业素养,公共英语课程着眼于培养学生在公共场合运用英语进行有效交流和表达的能力,包括演讲、辩论和口头表达技巧,以提高他们在不同场景下的语言应变能力。演讲口才课程帮助学生提升自信,掌握演讲技巧和演讲语言,使他们能够清晰、自信地表达自己的观点和想法。创新思维课程则鼓励学生跳出传统思维模式,培养创新意识和解决问题的能力,通过案例分析和实践培养学生的创造力和创新能力。这些综合素质拓展课程旨在为学生提供更全面的教育,不仅注重专业知识的学习,还重视学生综合素质的提升。通过这些课程的学习,学生将获得更加广泛的技能和知识,包括更灵活的语言应用、自信的演讲能力和创新思维,为他们未来的职业发展和社会参与打下坚实的基础。这些综合素质拓展课程的学习,有助于学生在职场中更加全面、自信地展现自己,为成功就业和职业发展提供更多的机会和优势。

这些课程设置旨在使学生在英语语言能力和专业知识上具备扎实的基础,同时,提供与时俱进的实用技能和适应能力,以应对当今复杂多变的职业环境和全球化背景下的挑战。

第二节 商务英语专业

一、商务英语专业的概念

高职英语专业中的商务英语专业是一个专注于商业领域英语应用的学科方向。该专业旨在培养学生在商业环境中运用英语进行有效沟通和交流的能力，以及理解商业活动和跨文化交流所需的专业知识和技能。商务英语专业致力于培养学生在商业领域中应用英语的能力，这个专业涉及商务沟通、贸易、市场营销、金融等方面的知识和技能。学生将学习商务英语的基础知识，包括商务信函写作、商业会议谈判、商业礼仪等。他们还会学习商务报告撰写、市场调研和商业谈判等实际技能，以提高在商业环境中的沟通和交流能力。商务英语专业着重培养学生在商业领域的语言表达能力和跨文化交际技巧，使他们能够胜任国际商务或全球化环境中的工作。

专业课程通常涵盖商务法律、国际贸易、市场营销等内容，旨在为学生提供广泛的商务知识。此外，学生还可能学习商务谈判技巧和跨文化沟通，为未来从事跨国企业或国际贸易提供必要的能力。商务英语专业毕业生通常可在国际公司、跨国企业、贸易公司或涉外部门从事商务沟通、国际市场开拓、客户服务等工作。总体而言，商务英语专业旨在培养学生在商业环境中运用英语进行沟通和交流的能力，以适应全球化商业发展的需求。

在商务英语专业中，学生将接受系统的语言培训，重点放在商务交际的实际运用上。这包括商务英语口语、商业信函写作、会议演讲技巧等。学生会学习如何在商业场景中进行有效的沟通，包括处理商务谈判、撰写商业报告以及进行专业性的商业演示等。除了语言技能，商务英语专业还涉及商业领域的专业知识，学生将学习商业概念、国际贸易原理、市场营销策略等方面的内容。他们将了解商业环境中的运作方式、企业管理技能及全球商务的相关知识，以便更好地适应商业领域的工作要求。

跨文化交流也是商务英语专业中的重要内容。学生将学习不同文化背景下的商业行为规范、商务礼仪和文化差异等内容。这有助于他们更好地与来自不同文化背景的商业伙伴进行交流，并且提高他们在国际商务领域的竞争力。商务英语专业的课程设置通常包括商业案例分析、模拟商务环境的角色扮演、实习或实践项目等形式，以便学生将所学知识运用到实际商业场景中。商务英语专业旨在为学生提供专业的语言技能、商业知识和跨文化交流能力，使他们能够胜任商业领域的工作，并为他们未来在国际商务领域的职业发展提供支持。

二、商务英语专业的特点

（一）跨学科性

商务英语专业是一个交叉学科，融合了商业和语言学科的要素。学生需掌握商业知识，如商业沟通、市场营销、国际贸易、金融等。同时，他们也需要良好的英语语言能力，包括听、说、读、写，以及商务英语的专业用语和表达技巧。这个专业培养学生在商业环境中能够流利、准确地交流和表达自己的想法。他们学习商务用语、商业写作技巧和沟通策略，以便与不同背景和文化的人进行有效的沟通。此外，学生也学习商业领域的知识，理解市场机制、企业管理和国际贸易规则，为将来从事商业领域工作打下坚实的基础。商务英语专业的特色在于结合了语言技能和商业知识，为学生提供了广阔的就业机会，使他们能够在国际化的商业环境中取得成功。

（二）强调实践应用

商务英语专业强调实践应用能力的培养。课程设置包括商业案例分析、模拟商务谈判、商务写作、跨文化交流等实践性课程，这些课程可以让学生能够通过实际操作提升商务英语的应用能力。这些实践性课程的目的在于为学生未来的职业发展做好准备。商业案例分析让学生深入了解实际商业环境中的挑战和机遇，帮助他们学会在现实情境下做出明智决策。模拟商务谈判课程让学生在模拟情境中练习谈判技巧，培养他们的沟通能力和解决问题的能力。商务写作课程着重于培养学生书面沟通的技能，使他们能够撰写清晰、准确、有效的商务文件。跨文化交流课程帮助学生理解不同文化背景下的商务交流方式，提高他们的跨文化沟通能力。总的来说，商务英语专业的实践性课程旨在通过实际操作加强学生的能力，为他们在未来的职业生涯中做好充分准备。

（三）国际化视野

商务英语专业着重于国际化视野和跨文化交流能力的培养。随着全球化的迅速发展，跨国公司之间的交流合作变得日益频繁和紧密。因此，商务英语专业致力于培养学生具备跨文化沟通和合作的能力。这包括了解不同文化背景下的商务礼仪、语言表达方式和沟通方式。学生在课程中学习如何处理不同文化之间的商务交流，以便能够在国际商务领域中胜任工作。他们会接触到各种文化，了解不同国家的商业实践和思维模式，培养开放、包容的国际化思维。商务英语专业的学生通过这种国际化的教育，能够更好地适应多元化的商业环境，积极融入国际团队，有效地与不同文化背景的人进行合作和交流。这种跨文化交流的能力对于在全球范围内开展商务活动的专业人士来说至关重要，因为他们需要与各种文化背景的人打交道，理解并尊重彼此的差异，以促进合作并取得商业成功。因此，商务英语专业注重培养学生的国际化视野和跨文化交流能力，为他们在国际商务领域中取得成功打下坚实的基础。

（四）职业发展广泛

商务英语专业的毕业生具备广泛的就业前景。他们在国际贸易公司、跨国企业、金融机构、咨询公司、外贸公司、市场营销部门、国际组织等领域都能够找到涉外业务、市场拓展、商务管理、国际交流等方面的工作。在国际贸易公司，他们可以参与国际贸易活动，负责国际采购、销售和供应链管理等工作。在跨国企业，他们能够担任跨国公司的跨文化沟通官员、国际业务经理等职位，促进不同国家和地区之间的合作与交流。在金融机构方面，商务英语专业的毕业生可以从事国际金融业务、国际投资与融资等工作，为公司或客户提供国际金融服务。此外，咨询公司也需要具备跨文化沟通能力和商业洞察力的人才，商务英语专业的毕业生可以担任咨询顾问，为企业提供国际化发展战略和建议。

在外贸公司，他们可以负责公司的对外贸易业务，包括市场开拓、客户关系管理和国际商务合作。在市场营销部门，商务英语专业的毕业生可以从事国际市场营销、品牌推广等工作，帮助公司在国际市场上树立良好的形象并拓展业务。在国际组织方面，他们可以参与国际组织的管理、项目策划和国际交流活动，为国际合作与发展作出贡献。商务英语专业毕业生的就业前景广泛，他们可以在多个领域从事各种涉外业务、管理和交流工作，为国际化商务领域注入新的活力和专业能力。

商务英语专业注重培养学生全面发展，旨在使他们在商业领域中具备综合实用的语言和专业技能，以应对不断变化的商务环境，并为他们在国际商务舞台上取得成功打下基础。

第三节 应用英语专业

一、应用英语专业的概念

应用英语专业是一个涵盖广泛领域的学科，它强调将英语语言应用于实际生活和工作中。这个专业培养学生在语言运用、跨文化交流、翻译、教学等方面具备专业能力。应用英语专业注重提高学生的英语语言水平，包括听、说、读、写能力。学生不仅学习英语基础知识，还会掌握各种实用英语技能，以便能够在实际情境中流利地交流。这个专业强调跨文化交流和理解，使学生能够更好地适应不同文化背景下的沟通需求。

应用英语专业也包括翻译和口译方面的培训，培养学生成为出色的翻译人员，能够准确、流畅地将文本或口语内容翻译成目标语言。此外，该专业还注重英语教学理论与实践，培养学生成为优秀的英语教师，具备教学技巧和教学资源的使用能力。应用英语专业的学生在毕业后有广泛的就业机会，可以进入教育机构、翻译公司、跨国企业、媒体公司等领域从事英语教学、翻译、编辑、咨询等工作。应用英语专业通过培养学生的语言技能、跨文化交流能力、翻译技巧和教学能力，为他们提供了丰富多样的职业发展路径，满足了当今社会对英语专业人才的需求。

二、应用英语专业的特点

（一）注重语言实用性

学生在应用英语专业的学习过程中，不仅仅是学习英语的基础知识，更重要的是如何将所学知识灵活应用于实际生活和工作中。例如课程可能包括模拟商务会议的角色扮演，学生需要展示流利的口语表达能力、清晰的逻辑思维及有效的沟通技巧。他们在这样的练习中，不仅提高了英语口语表达能力，也锻炼了在商务环境中沟通的技巧。学生也会进行书面沟通的训练，例如商务信函的撰写。通过编写商业邮件或报告，他们学会了用英语准确、清晰地表达想法和意见，培养了书面沟通的能力。在这个过程中，老师提供指导，讲解专业用语和写作技巧，帮助学生提高书面表达的水平。

在课堂上，学生也会接触到各种听力材料，比如商业演讲、新闻报道或会议录音，通过这些听力训练，学生可以提高对英语语音、语调和语速的理解能力，并学会从复杂的语音信息中提取关键信息。这种训练对于日常生活中的实际听力需求以及在工作场景中的聆听能力都具有重要意义。阅读也是应用英语专业中非常重要的一环，学生可能会阅读商业文章、市场报告、行业分析等，以便了解商业领域的最新发展和专业知识。通过阅读，他们不仅提高了英语阅读理解能力，还能够获取实用的商业知识和信息。

应用英语专业可能还涉及一些实践项目，比如组织模拟市场调研、策划国际商务活动或参与国际交流项目。这些实践性的项目能够让学生将所学知识应用到实际中，加深对英语的理解和应用。应用英语专业强调语言的实际应用能力，通过口语、书面表达的训练、听力材料的学习、商业文本的阅读和实践项目的开展，学生能够在学习过程中全面提高英语的应用能力，为将来的工作和生活打下坚实的基础。

（二）侧重于跨文化交流能力的培养

应用英语专业着重于跨文化交流能力的培养，学生在学习语言的同时，也能深入了解不同文化背景下的交流习惯、价值观念和沟通方式。这种综合性的学习为他们应对国际化工作环境提供了宝贵的素养。一个应用英语专业的学生在课程中可能接触到来自不同国家和地区的商务案例分析，通过分析这些案例，他们不仅了解到了该地区的商业实践和策略，还了解到了相关文化背景对于商业决策和沟通方式的影响。

在学习过程中，学生们也会接触到来自不同文化的商务文档和实际案例。通过阅读和分析这些文档，他们不仅提升了语言能力，更加了解了不同文化下的商业沟通风格和惯例。这样的实际案例和文档，有助于学生建立对于不同文化背景下的工作环境的敏感性和适应能力。应用英语专业通过丰富多样的教学方式，例如案例分析、模拟谈判以及商务文档的学习，培养了学生的跨文化交流能力。这种能力不仅仅是语言水平的提升，更是对于不同文化背景下的尊重、理解和适应能力的全面提升，为他们未来在国际化背景下的工作提供了重要的素养和竞争力。

（三）提供多样化的职业路径

应用英语专业的毕业生具备广泛的职业选择，他们所掌握的语言技能和跨文化交流能力在多个领域都有重要的应用价值。在教育领域，毕业生可以选择成为英语教师，教授英语作为第二语言或外语。他们可以在学校、语言培训机构或在线教育平台工作，帮助学生提高英语水平。另一个职业路径是翻译和口译领域，毕业生具备良好的语言能力和翻译技巧，可以从事文本翻译、口译工作，涉及商务文件、文学作品、科技资料等各种领域。例如他们可以在国际会议上担任口译员，协助不同语言背景的人士进行沟通。

应用英语专业的毕业生也适合在媒体行业发展，他们能够从事新闻报道、编辑工作或者成为外国记者，为国际媒体机构报道国内外的新闻事件。在信息时代，跨文化交流的能力对于媒体从业者尤为重要，应用英语专业的毕业生因其语言优势可以在国际媒体领域有所作为。许多国际企业也青睐具有英语专业背景的毕业生，他们可以在跨国公司从事国际业务、市场拓展、国际贸易等工作。这些企业通常需要员工具备良好的英语能力，并能够与不同文化背景的人合作开展业务。

应用英语专业的毕业生也可以选择在国际组织、非政府组织或外交部门工作，参与国际交流与合作项目，为国际事务发挥积极作用。他们的语言技能和跨文化交流能力在促进国际合作和跨国交流方面具有重要意义。应用英语专业为毕业生提供了多样化的职业选择。无论是教育、翻译、媒体、国际企业还是国际组织等领域，毕业生所具备的语言技能和跨文化交流能力都能够在各个领域发挥重要作用，为他们的职业发展提供了广阔的空间和机遇。

（四）重视实践教学

应用英语专业注重实践教学，学生通过项目实践、实习经验或真实案例分析将所学知识应用到实际场景中。这种教学方法培养了他们解决问题和实际应用的能力。在项目实践中，学生可能需要完成一个跨文化沟通方面的项目。例如他们可能被要求与国外公司合作，撰写商务计划书或者展开市场调研。在这个过程中，学生需要运用所学的语言技能和商务知识与不同文化背景的团队成员进行合作。这样的项目不仅考验了他们的语言水平，更锻炼了他们在跨文化环境下解决问题和协作的能力。实习经验也是应用英语专业实践教学的重要组成部分。学生有机会在真实的工作环境中应用他们所学的英语技能和商务知识。例如一个学生在国际企业实习期间，可能需要处理来自不同国家客户的邮件或电话沟通。通过与客户沟通的实际经验，学生能够提升自己的沟通技巧、理解客户需求并解决问题的能力。

真实案例分析也是应用英语专业实践教学的重要方法之一。通过分析真实发生的商业案例，学生能够更好地理解实际商业环境中所面临的挑战和解决问题的方法。例如学生可能会分析国际市场上一家公司成功或失败的案例，以此来学习并应用在未来的商业实践中。应用英语专业通过项目实践、实习经验和真实案例分析等方式，使学生将所学知识直接应用于实际场景中。这种实践教学不仅提升了他们的解决问题和实际应用能力，更为他们未来的职业发展奠定了坚实的基础。

第四节　旅游英语专业

一、旅游英语专业的概念

旅游英语专业是一个结合旅游业和英语语言学习的学科领域。它旨在培养学生在旅游领域中运用英语的能力，并了解旅游业务、服务和沟通的特点。在这个专业中，学生会学习英语语言技能，包括听、说、读、写，以及与旅游相关的专业词汇和用语。举例来说，他们可能会学习如何用英语进行旅游导游，讲解景点历史、文化特色以及相关的故事。这需要他们具备流利的口语表达能力，以吸引和引导游客。

除了语言技能，旅游英语专业也会涉及到旅游业务管理方面的知识，学生可能会学习关于旅游市场、旅游产品设计、旅游目的地管理等方面的课程。通过学习这些知识，他们可以了解旅游行业的运作方式，为未来从事旅游业务工作打下基础。跨文化沟通也是这个专业的重要组成部分。学生会学习如何与来自不同国家和地区的游客进行有效沟通，尊重和理解不同文化之间的差异。例如学生可能会学习到在不同文化背景下，礼节、习俗及沟通方式的差异，以便更好地为不同游客提供服务。

实践教学在旅游英语专业中也扮演着重要角色。学生可能会参与到实地考察、旅游路线规划、文化考察等实践项目中。例如他们可能会设计并组织一次跨文化交流活动或者开展一个旅游目的地推广项目，从而将所学知识应用到实际工作中。旅游英语专业是一个综合性的学科，结合了英语语言技能、旅游业务知识以及跨文化交流能力。通过学习这个专业，学生们不仅可以提升自己的语言能力，还可以了解旅游行业的运作方式，并为未来在旅游领域的工作做好准备。

二、旅游英语专业的特点

（一）语言技能与旅游业结合

旅游英语专业的独特之处在于将语言技能与旅游业务有机地结合在一起，学生在这个专业中不仅学习英语的基本语言技能，还专注于掌握旅游行业所需的专业词汇和表达方式。这种专业的特点在于强调培养学生良好的英语口语表达能力，使他们能够在旅游行业中与来自世界各地的游客进行高效、流畅的沟通。学生可能会接受专门的导游培训，学习如何以英语为工具为游客提供优质的导游服务。他们需要熟悉解释景点历史、文化特色和相关故事的方法，并能够生动地向游客传达这些信息。这种情境下，学生需要运用所学的语言技能，结合丰富的旅游知识，让游客对景点有更深入的了解和体验。

学生还可能在课程中学习到如何应对各种旅游场景下的语言交流挑战，比如在旅行中可能会遇到来自不同国家和文化背景的游客。学生需要学习如何适应和解决因语言差异带来的交流障碍，以便更好地满足游客的需求和期待。这种能力的培养不仅需要扎实的语言基础，还需要在实践中不断提升和应用。针对不同类型的旅游场景，学生也会学习到不同的表达方式和沟通技巧。例如在向游客介绍景点时，语言表达需要生动、富有感染力，能够吸引游客的注意力。而在解释历史或文化特色时，语言需要准确、清晰，让游客能够理解和接受所传达的信息。

旅游英语专业的独特特点在于其紧密结合了语言技能与旅游业务，学生在专业课程中不仅学习到英语的基本语言技能，更重要的是掌握了在旅游行业中所需的专业词汇和表达方式。这种特殊的培养让学生具备了良好的英语口语表达能力，在与国际游客交流中能够胜任各种沟通挑战，为旅游行业提供了更优质的服务。

（二）旅游业务管理知识

旅游英语专业不仅仅侧重于语言技能的培养，还涉及旅游业务管理方面的知识。学生学习的课程不仅包括语言学习，也涉及了旅游市场、旅游产品设计以及目的地管理等方面的内容。比如学生可能会学习市场营销原理，了解如何在旅游业中推广产品，吸引游客并提高销售。这可以通过实际案例分析或市场调查来进行学习，以便更好地了解市场需求和趋势。学生也可能学习旅游产品设计，探讨如何设计各种类型的旅游产品以满足不同游客的需求。他们可能会针对特定目标群体，如家庭旅游、生态旅游或文化游览等，设计相应的旅游线路和行程安排。通过这些课程，学生能够了解游客的偏好，并学习如何打造吸引人的旅游产品。

目的地管理也是旅游英语专业的一部分，学生可能会学习有关管理旅游目的地的课程，包括目的地的开发、规划、推广以及游客体验的提升。他们可能会研究不同地区的旅游资源、文化特色，以及如何有效地管理这些资源来吸引游客。

学生可能会在课程中分析某个目的地的旅游业发展情况，研究其旅游产品设计、市场推广和目的地管理策略。通过案例研究，学生可以深入了解旅游业运作模式、市场趋势以及为游客提供更好旅游体验的方法。

旅游英语专业除了注重语言技能的培养外，也涉及旅游业务管理方面的知识。学生在学习过程中能够接触到市场营销、产品设计、目的地管理等课程，这些课程让他们在学习语言技能的同时，也具备了对旅游行业运作机制的了解，为将来从事旅游业相关工作打下了坚实的基础。

（三）跨文化沟通能力的重视

旅游英语专业强调跨文化沟通能力的培养，因为旅游业吸引着来自不同国家和地区的游客。学生在这个专业中需要理解并尊重不同文化之间的差异，以便提供符合游客文化习惯和期望的服务。学生通过学习课程和参与跨文化交流的实践活动，了解到不同国家和地区的文化差异。举例来说，他们可能会学习到不同国家的礼仪、习俗和价值观念等内容。这种知识使他们能够更好地了解不同游客的文化背景，从而更好地为他们提供服务。

专业课程可能会侧重于培养学生应对不同文化背景下客户需求的能力，学生可能会学习如何在不同文化背景下进行有效沟通，以满足不同游客的需求和期望。例如学生可能会了解到一些文化差异，比如在某些国家，客人可能更看重隐私和个人空间，在服务中需要更加考虑到这些需求。学生还可能通过案例研究或模拟场景练习来培养适应不同文化的能力。他们可能会被要求模拟处理不同国家或文化背景的游客投诉或需求，以此训练他们在跨文化环境下的应对能力。这种实践性的学习有助于学生更加灵活地适应不同文化背景下的服务需求。

旅游英语专业通过培养跨文化适应能力，使学生具备更广泛的跨文化视野，他们不仅仅可以在旅游行业中胜任，还能够在其他跨国公司或国际化工作环境中更好地理解和融入不同的文化氛围。这种特殊能力让他们成为能够处理国际业务、服务和交流的优秀人才。旅游英语专业通过强调跨文化沟通能力的培养，使学生能够更好地理解、尊重和适应不同文化之间的差异。这种特点让他们在服务各种国际游客时更具竞争力，也为他们在全球化环境中的职业发展提供了更广阔的机遇。

（四）实践性教学和实地经验

旅游英语专业着重于实践教学和实地经验的培养。学生通常有机会参与各种实践项目，例如实地考察、旅游路线规划和文化交流活动等。这些实践活动为学生提供了将课堂上所学的理论知识应用到实际工作中的机会。举例来说，学生可能会参与实地考察，前往各种旅游景点或目的地，亲身体验并了解当地的旅游资源、文化特色以及旅游业发展情况。通过亲身参与和实地调研，学生可以深入了解旅游目的地的实际情况，为未来的旅游规划和管理提供实际依据。学生还有机会参与旅游路线规划的项目。他们可能会组成团队，针对不同类型的旅游需求和客户群体，设计旅游路线和行程安排。在这个过程中，他们需要考虑目的地的文化特色、景点选择、交通安排、住宿和用餐等方面的问题，从而提供给游客一个完善且有吸引力的旅游体验。这样的实践项目有助于学生将理论知识转化为实际操作，并培养了解决问题和规划组织的能力。

文化交流活动也是专业中的重要部分，学生可能会参与组织或参加国际文化交流活动，与其他国家或地区的人员进行交流互动。这种活动可以帮助学生了解不同文化之间的差异与共同点，培养跨文化交流的能力，为未来从事国际性工作打下基础。这些实践性的活动不仅让学生在实际操作中更加熟练，还能够培养他们解决问题和应对挑战的能力。在实地经验的基础上，学生可以更好地理解旅游业的运作机制，提升自己的实践能力和专业素养。这种注重实践教学的特点为学生在未来的职业生涯中积累了宝贵的经验，使他们更具备实际操作的能力和适应能力，为未来的旅游业务工作做好了充分准备。

旅游英语专业以其结合语言技能与旅游业务、重视跨文化沟通能力、注重实践教学和实地经验等特点，培养了具备全面素养和实际操作能力的毕业生，使其更适应旅游行业的多样化需求。

第五节　英语教育专业

一、英语教育专业的概念

英语教育专业致力于培养学生成为优秀的英语教师，并涵盖了教学理论、教学方法和教学实践等多个方面的知识。学生能够在这个专业中学习如何有效地教授英语作为第二语言或外语。他们会接触到教育心理学、语言习得理论、课程设计和评估方法等相关课程。通过学习教学理论，学生能够了解学习者的心理特点和语言习得规律，以便更好地设计教学方案。

学生可能会学习到不同的教学方法，比如沉浸式教学、交际教学法、游戏化教学等。他们通过这些课程了解到不同的教学策略和方法，以及如何根据学生的年龄、水平和学习目标选择合适的教学方式。课程设计也是英语教育专业中的重要部分，学生可能会学习如何设计教学大纲、教案和教材，以及如何根据学生的需求和特点调整教学内容。这些课程帮助学生更好地组织和安排课堂教学，使学生能够更好地理解和掌握所学知识。

教学评估也是这个专业的重点之一，学生学习如何评估学生的学习成果，通过测验、考试、作业或其他评估方式了解学生的学习进度，并根据评估结果调整教学方法，以提高教学效果。除了教学理论和方法，学生在英语教育专业中也会有实践机会。实习是这个专业的重要组成部分，学生有机会到学校、语言培训机构或其他教育机构进行教学实践，亲身体验教学过程，并在实践中提升自己的教学技能。英语教育专业致力于培养学生成为优秀的英语教师，学生通过学习教学理论、教学方法、课程设计和评估方法等课程，以及实践机会，为将来成为高质量的英语教育工作者奠定了扎实的基础。

二、英语教育专业的特点

（一）重教学理论与实践相结合

教学理论与实践结合是英语教育专业的重要特点。学生不仅仅是在课堂上学习理论知识，还有机会实际参与教学实践。这种教学模式使得学生能够将理论知识应用到实际的教学中去，并通过实践不断地提升自己的教学技能。举例来说，学生可能会参与教学实习，在实际的教学环境中向学生授课。这样的实践机会让他们能够将所学的教学理论付诸实践，并且在实践中不断地调整和改进自己的教学方法。通过这种教学模式，学生能够更深入地理解教学原理，并培养出优秀的教学技能。

（二）关注个性化教学

英语教育专业着重关注个性化教学，旨在根据学生的不同特点、水平和学习目标来设计教学方法。这种教学理念致力于认识并满足学生的个体差异，以提高教学效果，并使学生更好地学习英语。个性化教学注重了解学生的学习风格和需求，学生在英语教育专业学习时，可能会学习到各种调查和评估方法，以了解学生的学习风格、兴趣爱好和学习需求。通过这些方法，教师可以更好地了解每个学生的差异，从而为每位学生量身定制适合其学习方式的教学计划。

个性化教学关注于根据学生的水平和学习目标提供定制化的教学内容和活动，教师可能会通过不同的课程设置和教学资源，为不同水平的学生提供适宜的教学内容。例如在教学中设置不同难度的任务，以满足不同水平学生的学习需求，同时，为了促进学生的自主学习和发展，教师可能会设计各种个性化的学习项目或任务，让学生根据自己的兴趣和目标进行学习。个性化教学也强调教学方法的灵活性和多样性，教师可能会学习到各种教学策略和方法，以便更好地满足学生的不同需求。例如采用小组讨论、个性化辅导、多媒体教学等不同的教学方式，让学生在多样化的教学环境中更好地参与学习。

一个学生可能对口语表达有较高需求，而另一个则更需要提高写作能力，个性化教学将允许教师分别为这两位学生设计不同的教学计划和活动。针对口语需求的学生，教师可以安排更多口语练习和沟通活动；而对于写作需求的学生，则可以提供更多写作任务和个性化的写作指导。英语教育专业注重个性化教学，帮助教师了解学生的差异，并根据其个体特点和需求设计教学方案。这种关注学生个体差异的教学理念不仅提高了教学效果，也为学生提供了更有针对性和更令其满意的英语学习经验。

（三）强调跨文化交流

英语教育专业的另一个显著特点是其强调跨文化交流，学生在学习过程中接触到不同国家和地区的文化，从而了解不同文化背景下的语言和习俗。这种教育有助于培养学生的跨文化意识和跨文化交流能力，为他们在全球化背景下更好地应对各种挑战做好准备。学生通过课堂学习和跨文化交流项目了解不同国家和地区的文化特点，他们可能会学习到不同国家的历史、传统、宗教、习俗等内容。通过这种学习，学生开始认识到世界各地的人们拥有不同的生活方式和思维方式，这种多样性对于他们理解和尊重不同文化至关重要。

学生可能会参与各种跨文化交流项目，例如文化交流活动、语言交换项目或国际实习。在这些项目中，学生有机会与来自不同文化背景的人交流、合作和互动。例如他们可能与来自不同国家的同学合作完成项目，或者与国际志愿者一起开展教学活动。这种实践性的交流促进了学生的跨文化体验和交流技能的提升。

英语教育专业注重培养学生的跨文化教学能力。学生可能会学习如何在跨文化环境中教授英语，了解不同文化对于语言学习的影响和挑战。例如他们可能会学习如何设计适应不同文化背景的教学课程，或者采用跨文化教学策略，以更好地满足学生的学习需求。

一个学生可能参与了一个跨文化交流项目，在这个项目中他与来自不同国家的学生一起学习、合作，并了解彼此的文化。这种经历使他更加敏感和尊重不同文化的差异，同时，也提高了他的跨文化交流能力和全球意识。英语教育专业通过强调跨文化交流，让学生接触到不同国家和地区的文化，培养了他们的跨文化意识和跨文化交流能力。这种教育特点不仅有助于学生更好地理解和尊重多样文化，也为他们在全球化背景下更加灵活地应对跨文化交流和合作提供了重要的能力基础。

（四）教学评估

学生在英语教育专业学习过程中接触到教学评估的重要性，教学评估是对学生学习情况的全面评估，涵盖了知识、技能和态度等多个方面。这种评估不仅仅着眼于学生的知识掌握情况，也包括了学生在语言运用、沟通能力、批判性思维及自主学习等方面的表现。通过教学评估，教师能够更好地了解学生的学习状况，为教学提供有效的调整和改进依据。

评估结果不仅反映了学生学习的水平，还能指导教师调整教学策略、改进教学方法，从而更好地满足学生的学习需求，提高教学效果。这种全面的评估有助于促进学生的全面发展，培养学生的综合能力，为他们的学习和成长提供有力支持。

（五）实习

实习是英语教育专业中不可或缺的重要组成部分。学生在实际教学环境中进行教学实习，涵盖学校、语言培训机构或其他教育机构。这种实践机会为学生提供了将所学理论知识与实际教学紧密结合的机会，有助于他们提升教学技能并积累教学经验。实习让学生置身于真实的教学环境中，他们能够亲身体验教学过程，与学生、同事及管理人员直接互动。例如在学校实习期间，学生可能会观察正式教学班级或辅导小组，帮助教师设计课程或辅助教学活动。这种亲身实践有助于学生更全面地理解课堂管理、教学设计和学生管理等教学要素。

实习提供了将学习理论知识转化为实际教学技能的机会，学生可以将在课堂上学到的理论知识应用到实际教学中。通过实践，他们能够更好地理解和应用不同的教学方法、评估方式以及适应不同学生需求的能力。例如在语言培训机构的实习中，学生可能会亲自执教，应用各种语言教学方法，调整教学内容以满足学生的学习需求。实习经验也有助于学生积累教学经验并发展专业素养，他们通过实践中的挑战和成功，逐渐建立起自信心和教学技能。举例来说，学生在实习中可能面临各种挑战，例如管理学生行为、应对意外情况或调整教学计划。这些经历不仅加强了他们的教学技能，也提升了解决问题和灵活应变的能力。

实习为学生提供了一个反思和成长的机会，通过实践中的经历和挑战，学生能够更深入地反思自己的教学方式和方法。他们能够从错误中学习，改进教学技能，并明确自己的教学方向和目标。实习作为英语教育专业的重要组成部分，为学生提供了宝贵的机会，让他们在实际教学环境中将理论知识转化为实际教学技能，积累教学经验，发展专业素养，并为日后步入教育行业做好充分准备。英语教育专业的特点包括理论与实践相结合、个性化教学、跨文化交流、教学评估和实习等，这些特点使学生在专业学习中能够全面发展，为将来成为优秀的英语教育工作者打下坚实的基础。

第六节　特色专业建设

高职院校的英语专业在特色专业建设课程设置方面进行了创新，通过设计和开发符合时代需求的课程，以提高课程的实践性、专业性和国际化水平。这些创新举措包括将现代科技、商务英语以及跨文化交流等方面融入课程，旨在培养学生的综合能力。将现代科技纳入课程，让学生了解和运用科技在英语学习和实践中的作用。这可能涉及到使用在线资源、语言学习软件、虚拟实验室等，以提高学生的英语技能并加深对科技应用的了解。

一、高职英语专业培养目标

高职英语专业培养目标旨在培养学生具备全面发展的英语语言能力、文化素养和实践能力。学生应掌握扎实的英语语言基础，包括听、说、读、写、译等方面的能力。他们应能流利地运用英语进行日常交流，理解并表达复杂的语言信息，同时，具备较高的阅读理解和书面表达能力。专业学生需要了解英语国家的文化、历史、社会和习俗，培养跨文化沟通能力，以便在跨国企业、国际交流等领域胜任工作。在这个过程中，他们还应具备批判性思维和跨学科综合能力，能够审视和理解不同文化之间的差异和联系。

专业培养还着重于学生的实践能力培养，学生需要通过实践项目、实习或者实际工作，将所学知识应用于实际情境，提高解决问题和应对挑战的能力。高职英语专业培养的目标还包括培养学生的自主学习和持续学习能力。他们需要具备自主获取知识、不断学习的动力和能力，以适应快速发展的社会和职场需求。高职英语专业培养目标不仅注重语言技能的提升，更注重学生全面发展和持续学习能力培养，以满足现代社会对英语专业人才的需求。

二、高职英语专业与普通英语专业的区别

几乎所有的普通高等院校和高等职业技术院校都开设有英语专业。高职英语专业与普通高校英语专业有着密切的关联，但是他们既各具特色，又不尽相同。高职英语专业与普通高校英语专业在教学层次上存在显著差异，高职英语专业学生在入学时，认知英语单词与高职非英语专业学生基本相同，为 1000 至 1600 个，而普通高校英语专业的学生入学时，已掌握了不少于 2000 个单词。学习者起点不同，教学要求也不同。在教学任务完成时，学生在听、说、读、写、译各方面所达到的程度也大不相同。大部分普通高校英语专业要求学生通过全国英语专业四级和八级统一考试，而对高职英语专业学生没有做统一要求。不同的高职院校对英语专业学生有不同要求，有的要求通过全国统一的非英语专业四级或六级考试；有的学校要求通过全国英语能力 A 级考试，也有学校鼓励学生参加国际语言考试，如 TOEFL、IELTS 等，并要达到一定的分数线以获取毕业资格。

除了教学要求不同外，高职英语专业与普通高校英语专业在教学目的上也大不相同。对国内十余所高校所开设的"英语专业"调研发现，它们的专业培养目标大同小异，基本上都是"培养通晓英语语言及英美国家文学、社会、历史，能在外事、文化、新闻出版、教育、科研、经贸、旅游等部门从事翻译、研究、教学、管理工作的英语高级专门人才"。由以上目标不难看出，常规的本科英语专业培养的是通用型外语人才，没有针对社会某些相对固定的岗位（群）需要而设定人才的规格，英语对于毕业

生将来从事的工作岗位来说仍然只是一门工具。

三、高职英语特色专业建设步骤

商务英语作为关键领域，也被融入课程中，学生将学习商业领域所需的专业词汇、商务沟通技巧、商务写作等。这使得学生不仅具备了良好的英语基础，同时，也具备了商务背景下的沟通和表达能力。此外，课程中的跨文化交流方面也是关键的一部分，学生将通过课程学习了解不同文化间的差异，尊重和理解多元文化，培养能够在跨文化环境中交流的能力。这种跨文化素养在当今国际化的环境中变得至关重要。

（一）创新课程的设置

高职院校的英语专业在特色专业建设课程设置方面进行了创新，通过设计和开发符合时代需求的课程，以提高课程的实践性、专业性和国际化水平。这些创新举措包括将现代科技、商务英语，以及跨文化交流等方面融入课程，旨在培养学生的综合能力。将现代科技纳入课程，让学生了解和运用科技在英语学习和实践中的作用。这可能涉及使用在线资源、语言学习软件、虚拟实验室等，以提高学生的英语技能并加深对科技应用的了解。

商务英语作为关键领域，也被融入课程中，学生将学习商业领域所需的专业词汇、商务沟通技巧、商务写作等。这使得学生不仅具备了良好的英语基础，同时，也具备了商务背景下的沟通和表达能力。此外，课程中的跨文化交流方面也是关键的一部分，学生将通过课程学习了解不同文化间的差异，尊重和理解多元文化，培养能够在跨文化环境中交流的能力。这种跨文化素养在当今国际化的环境中变得至关重要。

通过这些创新的课程设置，高职院校的英语专业能够更好地满足时代需求，学生不仅能够获得英语语言技能的提升，更能够接触到更广泛的知识领域，并且培养了解决实际问题、适应国际化背景的能力。这种多方面综合能力的培养使得学生更具竞争力，能更好地迎接未来的职业挑战。

（二）注重教学方法和手段

高职院校的英语专业注重教学方法和手段的创新，引入现代化教学技术和方法，例如在线学习平台和虚拟教学环境，以提供多样化的教学体验。通过教育技术的应用，有助于激发学生的学习兴趣，增强他们的自主学习能力。运用在线学习平台，学生能够获取丰富多样的学习资源。这些资源包括在线课程、多媒体资料、练习题等。通过这些平台，学生可以自主选择学习的时间和地点，并根据自己的学习进度进行学习，从而培养了更好的学习自觉性和独立性。虚拟教学环境也为学生提供了更为生动、直观的学习体验，通过模拟实验室、虚拟讲座或在线互动平台，学生可以更直接地参与到教学过程中。例如在虚拟教学环境中，学生可以参与角色扮演、模拟对话等活动，更好地理解和应用英语知识。

这些现代化教学技术和方法的引入，有助于提供更灵活、个性化的学习体验。学生可以根据自己的学习风格和兴趣选择适合的学习方式，有利于激发他们的学习热情。这种个性化和多样化的学习体验有助于提高学生的学习动力和自主学习能力。高职院校的英语专业通过引入现代化教学技术和方法，如在线学习平台和虚拟教学环境，致力于提供更丰富、更灵活的教学方式。这种创新有助于激发学生的学习兴趣，提升他们的自主学习能力，从而更好地适应现代化教育的发展趋势。

（三）实践教学环节的加强

加强实践教学环节是英语专业教育的重要方面，为此，高职院校组织实习、社会实践、项目合作等活动，旨在让学生将所学知识应用于实际工作中。这些实践活动有助于培养学生解决问题和应对挑战的能力，提升他们的综合素质。经过实习，学生有机会在真实的工作环境中应用所学的知识和技能。他们能够与专业人士合作，亲身经历并了解工作岗位的要求和挑战。这种实践经验让学生更深入地理解所学知识的实际运用，同时，也培养了他们在工作中解决问题和应对挑战的能力。

社会实践活动也为学生提供了更广泛的视野和实践机会。参与社会实践让学生了解社会现实，面对各种社会问题，同时，也锻炼了他们的团队合作和沟通能力。例如学生可能会参与到社区服务、志愿者活动或社会调研中，通过这些实践活动培养了他们的责任心和社会参与意识。项目合作是培养学生综合素质的重要途径。这种合作经历有助于培养学生的团队精神和创新意识，提升他们在实际工作中的综合素质。加强实践教学环节，包括实习、社会实践、项目合作等活动，是英语专业教育的重要组成部分。这些实践活动不仅帮助学生将所学知识应用于实际工作中，还培养了他们解决问题和应对挑战的能力，提升了他们的综合素质，为他们未来的职业发展打下了坚实的基础。这种与企业合作的机制也为学生提供了更多的实践机会，通过与企业的合作项目，学生可以在真实的工作场景中应用所学的知识，积累实际工作经验。这些经验不仅能够丰富学生的简历，也能够让他们更好地理解工作环境和行业需求。这种与企业合作的举措有助于提高学生的就业竞争力，学生毕业后拥有行业认可的证书或在企业获得的实践经验，使他们更具吸引力，更有竞争力，更容易融入和适应职场需求。同时，这种合作也有利于高职院校不断调整和优化课程设置，更好地迎合行业发展的趋势，为学生的就业提供更有针对性的支持。

建立与企业合作的机制，开设行业认可的证书课程或项目，是高职院校拓宽就业渠道的重要手段。这种合作能够使学生更好地适应行业需求，增强其就业竞争力，为他们的职业发展提供更广阔的机遇。

（四）加强师资队伍建设

英语专业注重师资队伍建设，这意味着引进具有丰富实践经验和教学技能的专业人才，并通过定期的教师培训来提高教师的教学水平和专业素养。引进具有丰富实践经验和教学技能的专业人才对于英语专业的教学至关重要。这些教师能够传授学生实际应用的知识和技能，带领学生了解行业的最新发展和趋势。他们不仅拥有丰富的实践经验，还能够激发学生的学习兴趣，提供与实际工作相关的案例和经验，从而为学生提供更有价值的教育。

定期进行教师培训是提升教师教学水平和专业素养的关键措施，这些培训旨在帮助教师掌握最新的教学方法、技能和教育技术，以应对不断变化的教育需求。教师培训可以涵盖教学策略、课程设计、评估方法、教学技术等方面，让教师不断提升自己的专业能力，并将最新的教学理念和方法运用到课堂实践中。通过不断引进高素质的教师并进行持续的教师培训，学校能够保证教师队伍的质量和水平。这有助于提高教师的教学水平和专业素养，也能够为学生提供更优质的教育资源和教学环境，促进学生全面发展。

高职院校英语专业的特色专业建设可以通过创新课程设置、教学方法创新、实践教学环节、就业渠道拓宽，以及师资队伍建设等方面的努力，提升专业质量和培养目标达成度。

第七节　高职公共英语课程设置

一、课程设置的理念

有学者指出，高等职业教育中的公共基础课程与普通教育有所不同。高职教育的公共基础课程在承担学生人文素养提升的同时，还应对学生专业课学习提供支持，具有双重功能。在此背景下，高职英语课程设置需要树立以人为本、以能力为本的理念，注重实践技能培养，服务于学生的专业需求和就业导向。高职英语课程的设计应当聚焦于培养学生所需的实际工作能力和专业技能，这意味着课程设置应紧密关联学生未来的职业发展方向，注重培养学生在特定职业领域所需的英语沟通技能、专业术语和实际运用能力。英语课程应以实用性为导向，教授学生面向特定职场的实际语言技能，例如在专业领域的书面交流、口头表达、专业文档阅读和撰写等方面的应用。

高职英语课程应鼓励学生主动学习，并将其打造为知识的主动建构者，这种课程设置需要激发学生的学习动力和积极性，通过教师的指导和引导，培养学生的自主学习能力和批判性思维，使其具备自主获取和应用知识的能力。这不仅有助于学生更好地适应职业需求，还培养了终身学习的习惯和能力，使他们能够持续适应和发展于不断变化的职业环境中。高职英语课程的设计应致力于促进学生的实践技能培养，满足专业需求，同时，培养学生的自主学习能力和终身学习意识。这种以能力为本、以人为本的课程理念有助于使学生在就业市场中具备竞争力，并更好地适应职业发展的变化和挑战。

（一）以人为本，因材施教

高职英语课程应本着"以人为本、承认差异、发展个性、着眼未来"的原则，根据学生的英语基础因材施教，在目标设定、教学过程、课程评价和教学资源的开发等方面都突出以学生为主体的思想，尊重学生个体差异，教学活动有的放矢，真正达到激发学生的学习兴趣、提高学生语言能力的目的。

（二）"实用为主、够用为度"

根据《高职高专教育英语课程教学基本要求》和《高等学校英语应用能力考试要求》，英语课程本着"实用为主、够用为度"的原则，在教学中正确处理听、说、读、写、译之间的关系，克服高职学生羞于开口的心理障碍，培养学生的语言实际运用能力，为社会培养高素质、高技能的应用型人才。

（三）推行"项目化"与"任务型"

以职业能力为主线，以工作过程为导向，以具体项目为载体，将任务训练贯穿于教学全过程。英语课程以培养学生的英语实际应用能力为目标，将职业能力所要求的应知应会内容融入课程中，倡导任务型教学模式，让学生在教师的指导下，通过感知、体验、实践、合作等方式参与课堂活动，调动教师和学生两个方面的积极性，真正体现学生的主体地位，发挥教师的主导作用，改善高职公共英语课程的教学效果。

（四）培养自主学习与终身学习能力

课堂讲练与自主学习相结合，培养学生的自主学习能力和终身学习能力。高职英语课程必须重视语言学习的规律，强调语言基本技能的训练和培养实际从事涉外交际活动的语言应用能力并重；鼓励学生充分利用有限的业余时间进行自主学习，形成适合自己的英语学习方法，培养自主学习和终身学习的理念能力，为将来的可持续发展提供保障。

二、课程设置的思路

高职公共英语教学承担着提高学生的英语应用能力、服务专业学习和培养人文素养三大功能，在内容深度上，遵循"以应用为目的，以必需、够用为度"。在内容体系上，按专业需求设计课程模块，模块间互相独立，形成"基础英语＋行业英语"的教学体系。以能力培养为切入点，开发和应用高职英语网络化教学平台，引导学生利用网络平台自主学习、自我提高，使不同层次、不同类型的学生能各适其所、各取其需、各获其益，从而满足高等教育大众化条件下不同智能结构个体的学习需求及专业需求。

课程设置的意图，体现高职英语的基础作用，为学生的专业学习提供必要的支撑和保障；满足不同专业对英语知识和能力的特殊需求，为学生的专业学习服务；促进学生英语应用能力的提高。具体来说，分为下面五个方面：

（一）基础作用和支撑保障

高职英语课程设置的首要意图是为学生的专业学习提供必要的基础和支持。通过建立英语的基础知识和语言技能，为学生进一步学习和应用专业知识提供良好的语言基础，确保学生能够顺利理解和使用与专业相关的英语资料。

（二）专业需求和服务支持

高职英语课程设置需要考虑不同专业对英语知识和能力的特殊需求，这包括为不同专业领域的学生提供定制化的英语学习内容，使其能够理解和应用与所学专业相关的术语、文献和信息，为其专业发展提供所需的语言支持。

（三）提升应用能力

课程设置的目的之一是促进学生的英语应用能力，这不仅包括口头和书面表达的能力，还包括在专业环境下正确、流利地使用英语进行交流的能力，通过真实场景模拟和案例研究，培养学生在工作中实际应用英语的能力。

（四）沟通与交流

高职英语课程还旨在加强学生的跨文化交流和沟通能力，这包括促进学生之间以及学生与教师之间的有效沟通，使他们能够在多元化的工作环境中与不同背景的人合作和交流。

（五）终身学习意识培养

通过课程设置，还旨在培养学生的终身学习意识。这意味着不仅要帮助他们掌握当前所需的英语能力，还要激发他们对不断提升语言技能和继续学习的热情，为日后职业发展和学习提供基础。这些方面的考虑可以确保高职英语课程设置既具备基础性的支撑作用，又能满足不同专业学生的特殊需求，同时，提升学生的英语应用能力，为他们未来的职业发展和终身学习打下坚实的语言基础。

第四章 职业能力培养教育概述

第一节 职业能力体系概念

一、职业能力体系的本质

职业能力体系是一个组织化的框架,用于定义、评估和发展个人在特定职业或行业中所需的技能、知识和素质。它不仅包括专业技能,还包括了软技能和行为特征,如领导能力、沟通技巧、解决问题的能力以及持续学习和适应性等。这种体系可以是特定行业的标准,帮助人们了解在某个职业领域内成功所需的各种要素。

职业能力体系的本质在于其适应性和包容性,它是一个多功能的工具,涵盖了广泛的技能,包括技术和软技能,在特定职业或行业中取得优异成绩所需。它不仅仅是一套静态的能力,而是一个动态、不断演进的结构,反映了现代职场不断变化的需求。在核心层面,职业能力体系体现了多样性,它不仅仅局限于技术专业知识,还包括了适应性、批判性思维、情商和解决问题能力等多方面的特质。这种全面的方法认识到在任何职业中成功都需要多方面的能力,不仅仅是课本知识。职业能力体系的本质在于提供职业发展的路线图,设定了标准,界定了从基础技能到高级技能的发展进程,引导个人在职业生涯不同阶段前进。这种系统化的方法培养了方向感,使个人能够找出需要改进的领域,并据此集中精力努力提升。

该体系的灵活性使其能够适应不同的职业发展轨迹和行业需求,它不是死板的,而是灵活的,随着技术进步、市场趋势和职业景观的变化而不断演进。这种适应性保证了它在为个人应对当今职场现实中具备重要的应用价值。重要的是,职业能力体系的本质还体现在促进终身学习方面,它灌输了持续改进和成长的思维方式,鼓励个人积极接受持续教育、技能提升和再培训,以保持在不断变化的职业要求中保持竞争力和适应性。组织和教育机构将这些体系作为人才评估、招聘和发展的基准,通过将战略与这些体系对齐,它们确保更准确地选择候选人,并有效培养符合组织或行业特定需求和目标的人才。职业能力体系不仅仅是一份技能清单;它是一个动态的指南,指引个人和组织在复杂的现代职场中前进。其适应性、全面性和对持续学习的重视,使其成为导航现代职业不断变化的重要工具。

二、职业能力体系的层次结构

一个完整的职业能力体系通常由多个层次组成，包括基本技能、中级技能和高级技能。基本技能是入门级别的，例如基本的专业知识和技能。中级技能涉及更深入的专业知识和一定程度的独立操作能力。高级技能包括高级专业知识、领导才能和创新能力等，可以在复杂环境下展现。职业能力体系的层次结构涵盖了广泛的能力和技能，从基础层到高级层逐步扩展，为个人职业发展提供了清晰的路线和指引。

基础层是职业能力体系的基石，在这个层次上，涉及基本的技能和知识，为适应特定行业或工作所需提供了起点。这可能包括基本的专业知识、基础的沟通技能、团队协作能力以及基本的问题解决能力。基础层为个人职业生涯的发展打下了坚实的基础。之后是中级层，这一阶段向个人提供了更深入和广泛的专业知识和技能。在中级层，个人开始深入学习特定领域的专业知识，积累更丰富的工作经验。此时，除了专业知识，还包括了更高级别的沟通能力、领导技能、问题解决策略等。中级层使个人具备了在特定领域或职业中更加自信和熟练的能力。

进阶层是职业能力体系的顶层，在这一层次上，个人已经展示出卓越的专业知识和技能，并拥有深入领域的专业经验。进阶层不仅强调了技术方面的专长，还包括战略性的领导能力、创新思维、复杂问题的解决方案，以及高级层面的团队管理技能。这个层次的个人在职业领域中通常扮演着领导者、专家或决策者的角色。

职业能力体系的层次结构旨在为个人提供一个渐进的成长路径，充分考虑了职业发展过程中不同阶段的需求，它不仅仅是技能的简单层级排列，而是为个人提供了在职业生涯中成长和发展的指引。每个层次都有其特定的能力和技能要求，通过逐步提升技能水平，个人能够在职场中更加自信地应对各种挑战和机遇。职业能力体系的层次结构为个人提供了一种有序的发展路径，从基础到高级逐步提升技能和素质，为个人的职业成功和成长提供了有力的支持和指引。

三、职业能力体系的发展与变革

职业领域的发展和技术变革通常会导致职业能力体系的调整和更新，随着新技术的涌现和工作环境的变化，新的技能和素质可能会被纳入现有的体系中，以反映行业的最新要求。这种持续的变革需要教育机构和行业实践者共同努力，确保人们接受的培训与职业需求保持同步。职业能力体系是一个动态的概念，随着时代的变迁和职场环境的演变不断发展和变革。技术进步是职业能力体系发展的主要推动力之一。随着科技不断创新，各行各业的工作方式和工具发生了巨大变化。因此，职业能力体系需要不断更新，以适应新兴技术的发展和应用。这包括数字化技能、信息科技、人工智能等领域的知识和技能。

市场需求和行业变化也在驱动职业能力体系的变革，随着市场竞争的不断加剧和全球经济的快速发展，职场对于特定技能和能力的需求也在不断变化。这就需要职业能力体系随时调整，确保与市场需求和行业标准保持一致。社会和文化因素也在塑造职业能力体系的发展，社会价值观念、多元化、包容性等因素正在逐渐影响着工作环境和组织文化。因此，职业能力体系需要考虑到不同文化背景下的多元化需求，培养跨文化沟通能力和全球化视野。

教育和培训领域的变革也对职业能力体系的发展起着重要作用，现代教育趋向于更加注重实践性、创新性和终身学习，这就需要职业能力体系更加注重培养实践能力、创新思维和持续学习的能力。因此，职业能力体系也需要考虑到个人发展和工作生活平衡的需求，培养工作中的自我管理能力和适应能力。职业能力体系的发展与变革是一个持续进行的过程，它需要不断跟随技术、市场、社会和教育等方面的变化，及时调整，以确保与职场需求和时代潮流保持同步。只有不断变革和发展，职业能力体系才能更好地适应不断变化的职场环境，并为个人职业发展提供有力支持。

四、职业能力体系对个人发展的意义

职业能力体系对于个人职业发展至关重要，了解并发展符合特定职业要求的技能和素质，有助于个人更好地适应职场环境，提升竞争力，实现职业目标。它也为个人提供了一个清晰的发展路径和目标，帮助其规划和实现职业生涯中的进步和成就。职业能力体系对个人发展具有重要的意义，它不仅是个人职业成功的关键，更是支持个人成长和职业发展的重要工具，职业能力体系为个人提供了发展路径和目标。它定义了不同职业阶段所需的技能和能力，为个人提供了清晰的指引，帮助他们了解在职业生涯中需要学习和发展的方向。这有助于个人建立自己的发展规划，并为实现职业目标制订可行的计划。

职业能力体系培养了个人的多样化技能和能力，除了专业知识外，它还注重发展沟通技能、领导能力、创新思维、解决问题的能力等软技能。这些技能不仅仅对于特定职位或行业有帮助，更是个人在各种工作环境中取得成功所需的基础。职业能力体系有助于个人在职场中保持竞争力。随着职场竞争的加剧，具备丰富技能和综合素养的人才更受欢迎。通过不断学习和发展符合职业能力体系要求的技能，个人能够更好地适应职场变化，提升自己的竞争力。职业能力体系也激发了个人的职业成就感和自信心。当个人通过不断学习和努力达到或超越职业能力体系所要求的标准时，会获得成就感和满足感，提升自信心，从而更积极地追求职业目标。

职业能力体系对个人发展的意义是多方面的，它不仅提供了发展路径和目标，还培养了多样化的技能和能力，帮助个人在职场中保持竞争力，并激发了职业成就感，因此，积极掌握和发展符合职业能力体系的技能和能力，对于个人的职业发展和成功至关重要。职业能力对个人发展的意义深远而多维。它不仅仅是对专业技能的衡量，更是对个人在职场中表现和成功的评价。这个体系为个人提供了一种全面的成长路径，从基础技能到高级领导能力，为个人的职业发展提供了全方位的支持。职业能力体系，为个人树立了明确的发展目标和标准。它不是简单的一份技能清单，而是一个详尽的指南，将个人发展所需的技能、知识和素质划分为不同的层次和阶段。这使个人能够有条不紊地规划和实现职业发展目标。这种体系培养了个人全方位的能力。除了专业知识外，它注重了软技能的发展，如沟通能力、团队合作、创新思维和问题解决能力。这种多元化的能力培养了个人的综合素养，使其更具竞争力。

个人在职业能力体系下的发展，还体现了持续学习和成长的重要性，它鼓励个人不断探索新领域、接受新挑战，持续不断地学习、成长和进步。这种积极的学习态度对于在职场中取得成功至关重要。职业能力体系，为个人提供了融入职场并快速适应环境的框架。在竞争激烈的职场中，个人必须具备适应性和灵活性，职业能力体系的培养使个人能够更快速地适应工作变化，应对挑战。最重要的是，职业能力体系对于个人自信心和职业成就感的培养有着重要作用。当个人通过不断学习和努力获得相应的技能和素质时，会感到满足和自豪，从而提升了自信心，激发了更高层次的职业目标。职业能力体系对个人的发展影响深远，它不仅提供了发展路径和目标，还培养了多样化的技能和素质，促进了持续学习和成长。这种系统化的培养有助于个人更好地融入职场、应对挑战，并为个人职业成功奠定了坚实的基础。

五、职业能力体系是职业教育和发展的基石

职业能力体系不仅是个人职业成功的关键，也是社会经济持续发展的重要保障，职业能力体系作为职业教育和发展的基石，在塑造个人、支持社会经济发展方面扮演着重要角色。职业能力体系强调了综合技能的培养，它不仅仅关注专业技能，还包括沟通能力、领导才能、团队协作和解决问题的能力。这种全面性培养有助于个人更好地适应多样化的工作环境和复杂的职业挑战。这种体系为个人提供了职业发展的路线图。通过明确规定不同阶段所需的技能和知识，个人能够更好地规划自己的职业生涯，并为实现职业目标制订合适的发展计划。

职业能力体系有助于提高劳动力市场的适应性和竞争力，它确保劳动力具备符合时代需求的技能和素质，使其更具就业竞争力，更易融入不同行业和岗位。

同时，职业能力体系的建立也对社会经济发展产生深远影响。它为产业提供了高素质、适应性强的人才，推动了各行各业的进步与发展。这种有效的人力资源配置有助于提升企业效率和竞争力，推动整个社会的经济增长。

职业能力体系也是社会包容性的体现，它为不同背景和能力的个人提供了发展机会，有助于减少社会经济不平等，促进社会的均衡和稳定发展，职业能力体系为个人职业成功奠定了基础，通过持续学习和发展不断提高个人竞争力。这不仅有助于实现个人的职业目标，也为社会的经济繁荣作出了积极贡献。职业能力体系是职业教育和发展的

支柱，对个人职业成功和社会经济持续发展都具有重要影响，它通过培养综合素质、提高就业竞争力、推动产业进步等方面，为个人和社会的发展提供了坚实支持和保障。

第二节　教育意识淡薄和职业能力的培养

一、教育意识淡薄的成因

教育意识淡薄可能源自多方面因素，其中包括社会对教育价值的认知缺失、职业发展观念的狭隘，以及对个人发展的忽视。当个人和社会对于教育的价值和作用认知不足时，可能忽视职业能力培养的重要性，导致对教育资源的浪费和职业发展的不足支持。教育意识淡薄的成因多种多样。个体层面存在认知偏差是其一大原因。部分人认为教育只是传授知识，忽视了培养实用技能、塑造品格和培养创新思维的重要性。这种观念导致了对综合教育价值的低估，使得教育被狭隘地理解为仅仅是考试成绩的取得，而非对综合素养的培养。

社会环境的影响也是导致教育意识淡薄的原因之一，在某些社会群体中，重视传统观念和特定职业的认同感高于教育本身的价值。家庭、社区和文化的观念可能会强化对某些职业的偏见或偏好，而忽视了其他领域的教育和培养。教育制度和体制的问题也在一定程度上助长了教育意识淡薄，教育制度可能过于强调应试教育，过分注重知识灌输而忽视了实践能力和创新意识的培养，这种教育模式可能会使学生失去学习兴趣，导致对教育的消极态度。这种信息过载可能使人们对于教育和知识的真正需求产生淡薄情绪，认为获取信息已经可以替代传统的教育价值。

教育意识淡薄有多方面的成因，认知偏差、社会环境影响、教育制度问题及信息时代的挑战，都在一定程度上导致了人们对于教育价值的低估和忽视。要解决这一问题，需要综合考虑教育的全面价值，改进教育体系，增强教育的吸引力和实用性，以更好地培养个人的职业能力。

二、教育意识对职业能力培养的影响

教育意识的淡薄可能阻碍个人对职业能力的发展，缺乏教育意识可能导致对学习和成长的不重视，从而错失学习机会、培训资源和职业发展的机会。因此，提升教育意识对于激发个人学习积极性、推动教育改革以及促进职业能力的培养至关重要。教育意识对职业能力培养有着深远的影响。教育意识决定了个体对教育的态度和价值观。一个重视教育的个体往往更愿意主动学习、不断探索新知，并持续发展自己的技能和能力。这种积极的学习态度是培养职业能力的基础。

教育意识影响着个体的学习动机和目标设定。积极向上的教育意识会激发个体对于学习的热情和动力，促使其树立明确的职业目标，并不断努力学习和进步。这种明确的目标意识有助于个体更有针对性地培养职业所需的技能和能力。教育意识还在很大程度上影响着个体对于教育资源的利用。一个积极的教育意识能够引导个体主动利用各种教育资源，包括课堂教学、实践经验、社会交流等，从而更全面地培养职业所需的各种技能和素养。

教育意识对于个体的自我定位和规划也有重要影响，一个对教育价值认知清晰的个体更容易认识到自身的优势和不足，进而有目标地规划学习和职业发展路径，有针对性地进行能力提升和成长。教育意识对职业能力培养产生的影响是深刻而广泛的。它不仅影响了个体的学习态度和动机，还决定了个体对于教育资源的利用方式、对未来的规划和定位。因此，培养良好的教育意识对于个体的职业能力提升至关重要。教育意识的积极程度直接影响了个体对学习和成长的态度，一个重视教育的个体更有可能持续自我学习和不断探索新知，这种积极学习的态度对职业能力的培养至关重要。教育意识也决定了个体对于自身发展的目标设定和规划。一个拥有积极教育意识的人更倾向于树立明确的职业目标，并主动去获取与实现这些目标相关的技能和知识。

教育意识还直接影响着个体对于教育资源的获取和利用，对于教育价值认知清晰的个体更倾向于主动利用各种教育资源，包括学校教育、自学、实践经验等，从而更全面地培养职业所需的技能和素养。教育意识也影响个体的自我认知和规划能力。一个对教育价值有清晰认识的个体更容易辨别自身优势和不足，有针对性地进行能力提升和职业规划，从而更有效地培养所需的职业能力。教育意识对职业能力培养产生着深远的影响，它不仅决定了个体的学习态度和动机，还直接影响着个体的职业目标设定、教育资源的利用方式以及自我认知和规划能力。因此，培养和加强良好的教育意识对于个体的职业能力提升至关重要。

三、克服教育意识淡薄的途径

要克服教育意识淡薄，需要全社会的共同努力。这包括提高教育的社会地位和价值观，加强职业发展规划和指导，鼓励个人不断学习和自我提升。同时，教育机构和政府也应该提供更多的教育资源和支持，确保教育的普及和公平性，以激发个人对职业能力培养的兴趣和积极性。

克服教育意识淡薄的途径有多种，主要途径是提高教育的实用性和吸引力，教育应更加贴近实际，注重与职业能力培养相关的实践性课程和技能训练。提供更多与实际职场需求紧密结合的教学内容，让学习更具针对性和吸引力。加强教育宣传与引导。需要广泛宣传教育对个人成长和职业发展的重要性。教育部门、学校、家庭及社会媒体等渠道可以共同努力，向社会传递积极的教育观念和价值，引导个人重视教育的重要性。建立多元化的教育体系和评价机制。应该鼓励并支持多种教育方式和课程设置，包括实践性的教学、技能培训、学徒制度等。同时，评价体系也应更加多元，不仅注重学术成绩，还要考虑个体的综合素质和实际能力。教育资源的合理配置也是关键。需要增加对教育资源的投入，提高教育资源的普及性和公平性。确保所有群体都能平等获得优质的教育资源，从而激发更多人对教育的积极参与和投入。

应鼓励建立与现实需求紧密结合的教育与行业合作关系，这种合作关系可以让教育更贴近行业实际需求，为学生提供更直接、实用的职业技能培训，增强学生对教育的认同感和实际价值，克服教育意识淡薄需要多方面的努力。通过提高教育实用性和吸引力、加强宣传引导、建立多元化的教育体系和评价机制、合理配置教育资源以及促进教育与行业的合作，可以有效地激发个人对教育的重视和参与，推动教育意识的积极提升。

四、教育意识与职业能力培养的互动关系

教育意识和职业能力培养是相辅相成的。一个积极向上的教育意识可以推动个人更积极地参与职业能力培养，进而提高个人的竞争力和适应能力。而良好的职业能力培养教育也能够促进教育意识的提升，使人们更加重视学习和教育的重要性。

充分认识教育意识对职业能力培养的影响，对于建设一个重视教育、注重个人发展和社会进步的环境至关重要。教育意识和职业能力培养是相互影响的。教育意识淡薄可能导致对职业能力培养的忽视，而职业能力的欠缺也可能加剧教育意识的淡薄。一个人是否重视教育会影响他对职业能力的关注程度。对教育缺乏兴趣的人可能不会主动寻求与职业相关的技能培训或学习机会。而缺乏相关职业能力也会进一步降低他对教育的重视程度，造成这两者之间的恶性循环。

一个积极向上的教育意识会促使个人更主动地追求职业能力的提升。积极的教育意识有助于个人意识到教育与职业能力培养之间的密切联系，激发了他们对于不断学习和成长的渴望。职业能力培养也可以影响到个体的教育意识。一个拥有丰富职业能力的人可能更容易看到教育的价值，认识到持续学习对于职业成功的重要性。一些特定的职业能力培养过程也可能为个体教育意识的提升提供了契机。教育意识和职业能力培养相互作用，相辅相成。教育意识的积极程度可能影响个体对职业能力的关注程度，而职业能力的培养也可能影响到个体对教育的认知和态度。因此，需要注重促进教育意识和职业能力培养的良性互动，以激发更多个体对于教育与职业能力提升的积极参与。

第三节　职业能力培养教育的内涵与教学课程的构建

一、职业能力培养教育的内涵

职业能力培养教育不仅关注于传授专业知识，更注重培养学生在实际职场中所需

的能力和素质。这种教育包括实践性强、能够促进学生解决现实问题的课程设置和教学方法。它强调知识与实践的结合，注重培养学生的创新能力、团队合作能力、问题解决能力等实用技能。职业能力培养教育的内涵十分丰富，不仅包括专业技能培训，更涉及到综合素养和实践能力的培养。它不仅仅关注于传授特定领域的知识，还着重培养个人的沟通能力、团队合作能力、创新思维和问题解决能力。

这种教育不再仅限于课堂上的理论学习，而更强调实践性的训练和应用。它倡导学生通过实际项目、实习、实践活动等方式，将所学知识运用到实际工作场景中，培养实际操作能力和解决实际问题的能力。职业能力培养教育也侧重于个体的自我发展和职业规划。它鼓励个人积极探索自身的兴趣和优势，为个人的职业发展制定明确的目标和计划。这种教育注重培养个体的自我认知能力，帮助他们更好地认识自己，为未来的职业生涯做出更明智的选择。

职业能力培养教育也包含着培养个体的终身学习意识。它强调持续学习和不断进步的重要性，鼓励个人在工作中持续学习、不断提升技能，以适应职场和社会的变化。职业能力培养教育的内涵十分丰富多样。它不仅仅关注于专业知识的传授，更注重综合素养和实践能力的培养。它提倡实践性训练、个体自我发展规划和终身学习，旨在培养全面发展的职业人才。

二、职业能力培养教育教学课程的构建

（一）教学课程构建的原则

职业能力培养教育的课程构建需要遵循一些原则，课程设计应基于行业需求和发展趋势，确保与实际职场需求紧密契合。课程应注重实践，鼓励学生参与实际项目、实习或模拟情境，以提升实际操作能力。另外，跨学科的知识整合也是关键，让学生获得综合性的技能和认知。教学课程的构建原则涵盖多方面内容。课程设计应当贴近实际，与职业能力培养紧密结合。这需要将课程内容与实际职场需求相匹配，确保学生在学习过程中能够获得真正实用的技能和知识。

课程构建应该强调全面性和综合性。不仅仅注重专业知识的传授，还要包括诸如沟通能力、团队合作、解决问题的能力等综合素养的培养，这种综合性的教学有助于学生在未来职业发展中更全面地应对各种挑战。课程的灵活性和多样性也是重要的构建原则。教学内容应当灵活调整，以适应不同学生的学习需求和背景。此外，多样化的教学方法和资源可以提供更多选择，满足不同学生的学习方式和兴趣。课程构建需强调与时俱进。随着社会的发展变化，课程内容也需要不断更新和调整，以跟上职业领域的最新发展。这样才能确保教学内容始终紧跟时代潮流，保持与现实需求的契合度。

评估和反馈机制也是教学课程构建的重要组成部分，建立科学有效的评估机制可

以更好地了解学生的学习情况，及时发现问题并进行针对性的改进和调整。教学课程构建的原则包括贴近实际、全面综合、灵活多样、与时俱进和科学评估。只有遵循这些原则，才能更好地满足学生的学习需求，促进职业能力的全面提升。

（二）教学方法的多样性构建

为了有效地实现职业能力培养教育，教学方法应当多样化，除了传统的课堂教学外，还应包括案例分析、项目驱动、团队合作、实践操作等方式。利用现代技术和互动性教学工具也是必要的，以激发学生的学习兴趣和参与度。教学方法的多样性对于职业能力培养至关重要。采用多样化的教学方法有助于满足不同学生的学习需求，提高教学效果。交互式教学，是一种重要的方法通过让学生积极参与讨论、小组活动和案例分析等方式，激发学生的学习兴趣，增强他们的学习主动性和参与度。这种方式能够促进学生之间的互动交流，拓展思维，培养团队合作和沟通能力。

实践性教学也非常关键，将理论知识与实际应用相结合，让学生通过实践活动、实习或项目实践来掌握和运用所学知识。这种方式能够帮助学生将理论知识转化为实际操作能力，更好地适应职业领域的需求。个性化教学也值得重视，了解学生的学习特点和需求，采用不同的教学方式和资源，以满足不同学生的学习风格和节奏。这种方式可以提高学生的学习积极性和效果，促进其职业能力的全面发展。

另一种有效的教学方法是技术辅助教学，利用现代技术手段，比如多媒体教学、在线学习平台等，为学生提供更丰富、直观的学习资源，增强他们的学习体验和互动性，使教学内容更生动、易理解。实时反馈和评估也是重要的教学手段。通过及时的评估和反馈机制，帮助学生了解自己的学习情况，及时调整学习方法和方向，从而更好地提升职业能力。多样化的教学方法对于职业能力培养至关重要，交互式教学、实践性教学、个性化教学、技术辅助教学以及实时反馈和评估等方法的综合运用，有助于提高学生的学习积极性和效果，促进其全面发展。

第四节 职业能力培养教育的特征与培养环境的关系

一、职业能力培养教育的特征

职业能力培养注重实际操作和应用，使学生在实践中掌握所学知识和技能，职业能力培养着重于实践性，强调让学生能够在实际操作中应用所学的知识和技能，以便更好地掌握这些概念。这种教育模式不仅局限于理论知识的传授，更关注学生如何在实际工作场景中运用所学知识，通过亲身体验巩固和提高自己的能力水平。实践性的教育有助于学生更深入地理解所学内容，培养解决实际问题的能力，并为未来的职业发展做好充分准备。

教育应当培养学生适应不同工作环境和变化的能力，提高他们的灵活性和适应性，在职业能力培养中，培养学生的灵活性和适应性远不仅仅是在教室里的一种技能或知识。这是一种更为广泛的能力，包括学习新知识、适应新环境和应对不断变化的能力。教育需要为学生提供面对不同情况的技能，使其具备处理各种挑战和变化的能力。适应不同工作环境需要学生具备辨别和解决问题的能力。教育应该为他们提供多种工作场景下的模拟实践机会，让他们在不同环境下应对各种挑战。这种培养方式有助于提高他们的适应性和解决问题的能力。

灵活性在职场中尤为重要，它涵盖了在面对不同情况下的反应能力、思维方式和解决问题的技巧，教育应该培养学生具备快速适应、灵活变通的能力，以迅速应对各种新的工作场景和挑战。灵活性和适应性也包括了在团队合作中的表现。学生需要学会在团队中协调配合、灵活应变，以有效解决团队面临的挑战和问题。这种团队合作能力将帮助他们更好地适应多变的工作环境。教育的目标是培养学生在职场中展现出灵活性和适应性，这涉及学习新技能、解决问题、团队合作等多方面的能力，使他们能够灵活应对不断变化的工作环境和各种挑战。这样的教育方式有助于培养学生成为在职场中更加成功的专业人士。

强调学习的持续性，使学生具备终身学习的意识和习惯，以适应快速变化的职场需求。在不断变化的职场环境中，学生需要具备不断更新和补充知识的能力，以适应新技术和新趋势。终身学习的概念不仅仅意味着完成学业后停止学习，而是强调在职业生涯中持续不断地学习、探索新知识和技能。教育应该激发学生对知识获取的兴趣和渴望，让他们养成主动学习、自我提升的习惯。这种学习意识的培养，能够激发学生的好奇心和求知欲，使他们愿意主动寻求新知识和新技能。

终身学习也需要教育制度与时俱进，不断提供学习资源和机会，以满足学生持续学习的需求。这可能包括提供在线学习资源、持续职业发展课程等，使学生在职场中保持竞争力。强调终身学习的意识和习惯是培养学生适应快速变化职场需求的关键。它不仅关乎知识技能的更新，更是一种积极、持续的学习态度，有助于学生在职业生涯中不断成长和进步。教育内容应该涉及多个领域，培养学生跨学科思维和解决问题的能力。跨学科性意味着教育内容不仅仅局限于单一学科，而是涉及多个学科的知识和技能。跨学科思维能够帮助学生更全面地理解问题，并提供多种角度来解决复杂问题。通过跨学科性的教育，学生能够学习到不同学科的知识，并将其融合运用到实际情境中，培养出更具创造力和独立思考能力的综合性解决问题的能力。

跨学科性也有助于学生在不同领域中发现关联，从而形成更加系统和综合的知识结构，这种综合性的学习方式有助于培养学生面对复杂问题时更为深入、全面的分析能力。跨学科性的教育能够培养学生拓宽学科视野，增强综合性思维和解决问题的能力。这种综合性的教育方法，能够使学生更好地适应未来职场的复杂和多变性。

二、职业能力培养教育的环境

职业能力培养教育的特征与培养环境息息相关，教育环境的质量直接影响着培养效果，教育环境的开放性和多样性对于培养学生的综合能力至关重要。一个开放多元的教育环境能够激发学生的思维，提供丰富的学习资源和机会。学生在这样的环境中更有可能接触到不同的观点和思考方式，提高综合能力。与职业实践紧密结合的教育环境能够有效促进学生职业能力的培养。提供与实际职业相符合的实践机会和资源，让学生在模拟的职业环境中接触真实的工作场景，培养实际操作能力和解决问题的能力。这种紧密结合的环境能够更好地激发学生的学习兴趣和动力。

教育环境的个性化与针对性也是培养学生能力的关键，一个个性化的教育环境能够更好地满足学生的学习需求和特点，提供个性化的学习计划和辅导。这种环境下，学生更有可能根据自身兴趣和潜能进行发展，培养出更优秀的职业能力。

教育环境的与时俱进和创新性也直接影响着职业能力的培养。一个积极追求创新和更新的环境能够更好地引领学生跟随时代发展潮流，了解最新的行业趋势和技术进步。这种环境下，学生更有机会掌握新知识、新技能，提高应对未来职业挑战的能力。职业能力培养教育的特征与培养环境息息相关。一个开放多元、与职业实践结合、个性化针对、与时俱进创新的教育环境能够更好地促进学生职业能力的全面提升。教育环境的不同特征将直接影响学生的学习体验和能力发展，因此，建立良好的培养环境至关重要。

三、培养环境对职业能力的影响

培养环境在塑造学生职业能力方面起着至关重要的作用，一个充满活力与挑战的环境能够激发学生的学习兴趣和动力。当学生置身于充满挑战和竞争的氛围中时，他们更有可能自觉地去学习、成长，积极地应对各种挑战与职业实践相结合的教育环境能够为学生提供宝贵的实践机会。实际工作中的体验有助于学生将理论知识运用到实际中，并培养解决问题的能力。这样的环境不仅仅是课堂学习，更是能够加强学生的实际操作技能和创新思维。

个性化的教育环境能够更好地满足学生的学习需求，了解每个学生的特点和兴趣，提供个性化的学习计划和教学辅导，有助于激发学生的学习热情和积极性。一个开放多元的教育环境有助于拓展学生的视野。与不同背景、不同思维方式的同学交流，能够帮助学生接触到更广泛的观点和经验，从而拓展思维，提高综合能力。跟上时代潮流并提供最新信息的教育环境对于学生职业能力的发展至关重要。通过这样的环境，学生能够了解最新的行业趋势和技术发展，从而更好地适应未来职业发展的挑战。一个积极、具有挑战性、与实际职业需求相结合的个性化教育环境，是培养学生职业能力的关键。这样的环境能够激发学生的学习热情、提供宝贵的实践经验、满足个性化需求、拓展视野并跟上时代步伐，为学生的未来职业发展提供有力支持。

　　教育资源支持，良好的培养环境应提供丰富的教育资源，如先进的教学设施、图书馆、实验室等，以支持学生全面学习；实践机会，提供实习、实践项目和实际工作经验，让学生在真实环境中应用所学知识，培养实际操作能力；行业联系与导师指导，与行业建立联系，邀请专业人士担任导师或提供指导，帮助学生更好地了解行业动态和实践经验；鼓励创新与合作，培养环境应该鼓励学生创新思维和团队合作，以培养其解决问题和交流合作的能力。良好的培养环境也应该考虑到学生的个体差异。不同学生有不同的学习风格和需求，因此，教育机构应该提供个性化的学习支持，满足学生的多样化需求，以促进每个学生的全面发展。

第五章　高职英语教学与职业能力培养的内在联系

第一节　高职英语职业能力体系概念

一、职业能力体系的定义和内涵

职业能力体系是指，在特定职业领域中所需的技能、知识、素养和行为准则的有机整合。它是一个框架，覆盖了一个人在特定职业环境中成功工作所需的各种能力和素养。在职业能力体系中，技能是指实际工作中需要运用的具体操作能力和专业技术技能。这些技能可以包括任何工作所需的特定技术或实践技能，如编程、设计、营销策略等。知识则是指在特定领域内所掌握的专业知识和理论基础。它包括学科知识、行业规范、法律法规等方面的知识，能够帮助个人更好地理解和应对职业工作中的挑战。

素养方面则涵盖了在工作中所需的综合素养，如沟通能力、领导力、团队合作、解决问题的能力和创新能力等。这些素养不仅在特定职位上具有重要作用，也是在职场中取得成功所必需的。行为准则是指在特定职业背景下所要求的职业道德、行为规范和职业素养等。这些准则能够确保在工作中的行为举止和决策符合特定行业的规范和期望。

职业能力体系是一个多元、多维度的框架，有助于个人了解、培养和发展在特定职业环境中所需的各种能力和素养。它对个人的职业发展和职场成功至关重要，并能帮助组织更好地评估和招聘适合的人才，以提高整体工作效率。职业能力体系在职场中具有重要意义，它涵盖了个人在特定职业领域中所需的技能、知识、素养和行为准则。这种框架不仅有助于个人理解和培养自己所需的能力，也为不同行业和职位提供了指导和标准。在现代职场中，职业能力体系对于个人的职业发展至关重要。它能够帮助个人识别并发展在特定领域中所需的技能和素养，使其更好地适应工作环境的需求。无论是技术专业人士还是管理人员，都需要具备一定的专业技能、沟通能力、团队协作及问题解决能力等。这种综合的职业能力体系可以帮助个人更好应对日益变化的工作挑战，提高工作表现和适应能力。

职业能力体系在不同行业中的应用和需求也多种多样，在科技行业，人们需要具备不断更新的技术能力和创新思维,以应对快速变化的技术发展;在服务行业,良好的沟通能力和服务意识更为重要;而在制造业,技术专长和生产技能可能是关键要素。不同行业的需求各异,但职业能力体系提供了一个通用框架,帮助个人了解和满足特定领域所需的各种能力和素养。

职业能力体系是一个指导性和评估性的工具,它对于个人在职场中的职业发展至关重要,通过了解和发展这种体系所需的技能和素养,个人可以更好地适应不同行业和职位的要求,并更有效地应对工作中的挑战。同时,对于企业和组织来说,这种体系也是评估员工能力和招聘人才的重要参考标准之一,有助于提高整体工作效率和竞争力。

二、高职英语教学与职业能力体系的关联

高职英语教学与职业能力体系的结合,是为了提供学生在职业发展中所需的实际应用和职业技能,这种结合旨在确保学生在学习英语的过程中,不仅能够掌握语言技能,还能够应用这些技能到具体的职业场景中。

高职英语教学强调了与职业实践相结合,它不仅注重语法和词汇的学习,更强调与实际职业环境相关的语境和词汇。通过教授实际的商务英语、医学英语或工程英语等专业术语,学生可以更好地理解并运用语言知识到特定领域的工作场景中。高职英语教学着眼于职业技能的培养。除了语言技能,课程还注重培养学生的沟通能力、团队合作、演讲技巧及书面和口头表达能力。这些技能在职场中是至关重要的,能够帮助学生更好地适应工作需要,提高工作效率。高职英语教学还强调了实际案例和场景模拟。通过案例分析和模拟工作场景的教学方式,学生可以在模拟的情境中应用所学的语言技能和相关职业能力,从而更好地了解和掌握在职场中的实际应用。

高职英语教学也倡导跨学科教学,它融合了其他学科的知识,比如商业、科学或技术领域,以帮助学生更全面地理解专业领域内的语言应用。高职英语教学与职业能力体系的关联为学生提供了更加贴近实际职业需求的学习经验。它旨在培养学生在未来职业发展中所需的语言技能、沟通能力和专业素养,使他们能够更好地适应不同行业的工作环境,更快速地融入并在职场中取得成功。高职英语课程在涵盖职业能力要求方面起着关键作用,它全面覆盖并培养了不同层面的职业技能。在技术技能方面,这门课程不仅注重语言基础,更注重专业术语和工作场景的应用。学生通过学习商务英语、医学英语或工程英语等专业课程,掌握在特定职业领域中所需的专业词汇和表达方式。

高职英语课程着重培养沟通能力,除了语言表达外,它侧重于教授学生与他人沟通的技巧,包括口头表达、书面沟通以及有效听取和理解信息。这种培养有助于学生更好地与同事、客户或团队成员进行交流,促进合作与理解。团队合作也是高职英语课程所重视的,通过小组项目、合作任务和模拟场景训练等方式,学生被鼓励在团队

中合作，并学习如何与他人协作、分享观点及解决共同面临的挑战。这有助于培养学生在职场中与他人合作并实现共同目标的能力。高职英语课程还注重职场素养的培养。它不仅关注语言技能，也关注学生的职业道德、职业素养和个人形象。这种教育不仅帮助学生理解职场规范和期望，还促进了他们对自己职业发展的认知和塑造。

高职英语课程在涵盖不同层面的职业能力要求方面作出了全面的努力，它不仅仅是语言技能的教育，更是为学生提供了综合培养，使他们具备了在职场中所需的技术、沟通、团队合作和职业素养等多方面能力。这种综合性的教育有助于学生更好地适应并胜任各种职业环境，为未来的职业发展打下坚实的基础。

三、高职英语课程设计与职业能力培养

高职英语课程设计致力于为学生提供全面的职业能力培养。课程的设计非常关注实用性。它着眼于教授学生在职场中实际需要的语言技能和沟通技巧，注重的不仅是语法和词汇的学习，更重要的是应用这些技能到实际工作场景中。这种实用性的设计使学生能够更快速地适应职业环境并与同事进行有效沟通。

课程设计着重于职业技能的培养。除了语言技能外，它还注重培养学生的团队合作、问题解决和决策能力。通过小组项目、案例研究和模拟情境训练等教学方式，学生有机会学习如何在团队中协作、解决问题并做出决策。这种设计能够增强学生的团队意识和解决实际问题的能力。高职英语课程设计强调了跨学科教学，它融合了商业、科技、医学等不同领域的知识，帮助学生理解和运用英语到不同的专业领域。这种跨学科的设计能够让学生更好地理解专业领域内的语言应用和沟通需求。高职英语课程还注重于学生自主学习能力的培养。通过提供课外阅读、实践项目和自主学习资源，学生被鼓励发展自己的学习兴趣和能力，这种设计有助于激发学生的学习热情和自我提升意识。

高职英语课程的设计旨在培养学生全方位的职业能力。它不仅关注语言技能的提升，更注重学生在职场中所需的实际应用能力和专业素养。这种设计使得学生能够更好地适应职场环境、展现个人能力，并为未来的职业发展做好充分准备。高职英语课程的设计致力于整合语言学习与职业能力培养，以确保学生在英语学习过程中获得实际职场所需的能力和技能。这种课程设计是一项综合性的工作，涵盖了多方面的要素。课程设计注重真实场景模拟。通过模拟实际职场场景，学生能够在教学环境中应用所学的语言技能。这种实践性的学习方式有助于学生更好地理解语言在实际工作场景中的运用，提高他们的沟通和表达能力。课程设计突出了项目化学习。通过项目式任务，学生可以在团队中合作解决实际问题，这有助于培养学生的团队合作、领导能力和解决问题的能力。这样的设计不仅提高了学习的实用性，也让学生更好地适应未来职场的挑战。

四、职业能力体系对高职英语教学的指导意义

高职英语教学与职业能力体系之间存在紧密的关联，职业能力体系为高职英语教学提供了重要的指导和指引。职业能力体系帮助明确了高职英语教学的目标和方向。通过了解不同行业对于专业技能、沟通能力、团队协作等方面的需求，教学可以针对性地培养学生所需要的能力。这使得高职英语教学更贴近实际需求，更符合职业发展的趋势。

职业能力体系有助于课程内容的设置和调整，它提供了一个全面的框架，指导课程设置从语言基础到专业技能的全方位发展。通过结合不同行业的职业能力要求，课程内容得以调整和更新，以确保学生能够掌握当前和未来职业发展所需的实际技能和知识。职业能力体系也促进了教学方法和手段的创新。它鼓励教师采用更多样化的教学方式，如案例教学、项目驱动式学习和实践性任务等，以更好地培养学生的职业能力。这种教学方法的变革能够使学生更深入地理解和应用所学知识，提高他们的实际应对问题和解决问题的能力。

职业能力体系还为教学评估提供了基准，通过职业能力体系的指导，教师可以更客观地评估学生在语言技能、职业素养和实际应用方面的成长。这种基于能力体系的评估有助于学校和教师更全面地了解学生的发展情况，并及时调整教学方法和内容，以达到更好的教学效果。职业能力体系对高职英语教学有着重要的指导意义。它不仅为教学提供了清晰的方向和目标，还推动了课程内容和教学方法的创新，为学生的综合能力培养提供了全面的支持和指导。这样的教学模式使得学生能够更好地适应未来的职业发展需求，为其职场发展打下坚实的基础。

第二节 英语语言能力是职业能力的重要内容

高等职业教育的目标是培养应用型、技术型人才，高职英语教学作为一门基础课，服务于这一总体目标。近年来，高职英语教学正在由传统的知识型方法向语言交际运用型过渡，高职英语，作为一门语言课，教师如何引导学生学习英语高职英语教学如何能为培养合格的高技能人才服务，这是广大教师共同关心的问题。本章通过分析目前高职英语教学现状，意在探讨任务性语言教学在高职英语教学中实施的可行性和必要性。

一、目前高职英语的教学现状

（一）主导思想不明确，教学计划缺乏针对性

高等职业技术教育与普通高等教育的一个显著差别，就是培养目标不同，前者以

培养技术应用型人才为主，后者以培养普通专业型人才为主。我国职业学院的英语教学的目标是培养学生掌握一定的英语基础知识和基本技能，侧重于有关专业技术的需要，加强专业知识和技能培养，提高学生在实际工作中应用英语的能力。目前，各类职业技术学院在专业培养目标上已经逐步形成特色，其专业课程的设置安排逐步趋于规范。在高等职业技术教育和普通高等教育之间存在着明显的差别，主要体现在培养目标上，这两者的教学计划在主导思想和目标设定方面存在较大的差异。

高等职业技术教育的主导思想不够明确，通常缺乏明确的培养目标，相较之下，普通高等教育在培养目标上更加明确，主要侧重于培养理论知识、专业技能和学术素养，以造就广泛应用于各个领域的专业型人才。与之相比，高职教育更着重于培养技术应用型人才，旨在让学生能够在特定职业领域内具备实际操作技能和专业知识。高职教育的教学计划缺乏针对性，这可能源自对培养目标的不够清晰和明确。普通高等教育注重学生的理论学习和学科研究，而高职教育则更关注学生的职业能力培养和实际操作技能的提升。因此，高职教育的教学计划需要更加强调针对性，围绕培养技术应用型人才的目标，设定更具体、更切实可行的教学目标和计划。

为了改善高职教育的教学计划，需要明确高职教育的核心任务，培养学生在特定职业领域内的实际技能和知识。这需要更加强调实践性教学、技能培训和专业实训课程，使学生能够掌握与职业岗位紧密相关的实际技能，为未来就业做好充分准备。因此，高职教育需要更清晰地定位培养目标，并据此调整教学计划，更注重实践能力和职业技能的培养，以培养更符合市场需求的技术应用型人才。这样的调整能够更好地满足不同教育层次、不同专业领域的学生需求，为社会和行业提供更加优质的人才。

(二) 教学模式陈旧单一

高等职业院校的教学模式通常被批评为陈旧单一，很多高职院校仍然依赖于传统的教学方法，例如课堂讲授、板书和书本阅读，这种教学模式偏向于单向传授知识，缺乏互动和实践性，难以激发学生的学习兴趣和积极性。教学过程缺乏创新性，缺少多元化的教学手段和方法。学校可能未能充分利用现代技术和教育资源，无法给予学生更具启发性和实践性的教学体验，课程设置可能过于单一，过度强调理论知识，而忽视实际应用和技能培养。这导致学生缺乏实践经验，无法适应职业领域的实际需求。一些高职院校师资结构可能不够完善，教师队伍可能缺乏与专业相关的实践经验和最新的行业知识。这可能影响到教学质量和教学效果。

部分高职院校可能缺乏足够的教学资源，例如现代化的实验室设备、图书馆资源和实习机会等，这限制了学生的实践性教学和实际操作能力的培养。院校与行业之间的联系不够紧密，缺乏产学合作，学生实践机会和就业前景受限。这也导致学生毕业后与行业需求不匹配，难以顺利就业。这些问题共同导致高职院校教学模式的陈旧和单一，限制了学生的综合发展和职业适应能力，为了改善这种现状，高职院校需要积极探索新的教学方法，注重实践教学和创新能力培养，加强师资队伍建设，拓展教学资源，加强与企业的合作，以促进教学模式的更新和提升教学质量。

（三）学生生源复杂，英语基础参差不齐

高等职业院校的学生生源具有复杂性，高职院校招收的学生来自各种背景和教育层次，有些学生可能来自城市，接受过较好的英语教育；而另一些可能来自农村或偏远地区，其英语基础可能较差。学生所接受的中学教育和英语教学质量存在差异，一些地区的学校可能缺乏良好的英语教学资源，导致学生英语基础薄弱，而其他地区的学生则可能接受过较好的英语教育。学生的学习能力和兴趣水平也不同，有些学生可能对学习英语不感兴趣，导致学习动力不足，而其他学生可能更加积极主动，愿意努力提升英语水平。

语言环境对学生英语水平的影响也很大，在家庭和社区中，有些学生可能接触到更多的英语资源和环境，能够更好地提高英语水平，而另一些学生则缺乏这样的语言环境。每个学生的学习历程和个体差异都不同，有些学生可能已经掌握了较好的英语基础，只需要进一步提升，而其他学生可能需要从基础开始学习。学生的学习动机和学习目标也不尽相同，有些学生可能将英语作为未来职业发展的重要技能，而另一些可能只是出于学业要求学习英语。

针对这些复杂情况，高职院校需要制定灵活多样的英语教育方案，以满足不同学生的需求，制定个性化的教学策略，包括不同水平的课程设置和教学资源，以便满足学生不同程度的英语基础。提供额外的英语辅导和支持服务，例如提供补习课程、辅导班或个别指导，帮助英语基础薄弱的学生提升能力。鼓励学生之间相互学习和帮助，建立学习小组或伙伴制度，让学生互相辅导，提高英语学习的效果。使用多样化的教学方法和资源，例如多媒体教学、互动式课堂和实践性教学，以激发学生的学习兴趣和动力。通过采取这些措施，高职院校可以更好地应对学生生源的复杂性和英语基础参差不齐的问题，为不同水平和需求的学生提供更有效的英语教育。

（四）硬件设施和师资力量不足

高等职业院校在硬件设施和师资力量方面面临不足的问题，一些高职院校存在硬件设施不足的情况，例如实验室设备陈旧、图书馆资源不充足、计算机设备更新速度慢等，这些都严重制约了教学质量和学生的实践能力培养。一些高职院校的教学设备水平相对落后，缺乏现代化的教学设备，这可能包括缺少先进的实验设备、技术更新滞后的计算机设备以及实习实训场地不足等问题。高职院校的师资力量可能存在不足和结构不合理的情况，有些学校缺乏高水平的教授和专业人士，导致师资队伍的整体素质不高。此外，教师在实际工作经验和行业背景方面可能存在欠缺。

部分高职院校未能给予教师足够的培训和发展机会，缺乏专业技能和教学方法的更新，难以适应教学需求和学科发展。部分专业需要大量实践教学资源来支持学生的实际操作能力培养，但学校的实践教学资源可能不足，例如医疗、工程、艺术等专业

领域。部分高职院校可能面临财政投入不足的问题，无法充分支持硬件设施和师资队伍的发展和提升。

二、语言教学在高职英语教学中的可行性

（一）高职英语课程的实用性要求是实施语言教学的理论依据

高职英语课程的实用性要求在语言教学中扮演着至关重要的角色，是一种基于实际需求和应用导向的教学理念，影响着课程设计、教学方法和学习成果。实用性要求体现了对语言教学与实际应用的紧密结合，实用性要求强调语言学习的应用性和职业导向。课程设计紧密关联学生未来的职业发展需求，通过特定领域的实际语言运用，培养学生在职场中所需的语言技能。这种以职业应用为导向的理念促进了语言教学内容的贴近实际，使学生所学语言具备实用性。

实用性要求注重学生的交际能力和实际应用能力的培养，课程设计以提高学生的交流能力、应变能力和解决问题的能力为目标，让学生能够在实际职场环境中流畅沟通，解决实际问题。这种强调交际与应用的教学理念有助于学生更好地应对真实工作场景中的语言交流挑战。实用性要求体现了课程内容与实际场景的结合，通过模拟真实工作场景、行业案例分析、商务谈判等实际情境的训练，培养学生具备应对各种工作情境的语言技能。这种基于实际场景的教学理念提供了更为贴近实际的学习体验，使学生能够更迅速地适应职业要求。实用性要求鼓励学生将所学语言知识应用于实际工作和生活中，追求"学以致用"，课程设计旨在激发学生的学习兴趣和动力，使他们能够主动运用所学语言技能解决实际问题，提高工作效率。高职英语课程的实用性要求是一种基于职业导向、强调交际能力和实际应用、联系实际场景、注重学以致用的教学理念。这种理念为学生提供了更加贴近实际、具有职业应用能力的语言学习体验，有助于学生更好地适应现实职场需求，提升就业竞争力。

（二）高职英语的教学特点是实施语言教学的客观依据

高职英语教学的特点是实施语言教学的客观依据，这些特点涵盖了教学目标、教学方法和学习环境等方面，高职英语教学立足于特定的职业需求和实际工作场景，旨在培养学生实际运用英语的能力，使其能够在特定领域中进行有效沟通和应用。教学注重培养学生的实际应用能力，关注学生在职场环境中运用英语的技能，提高他们的实际工作能力。课程侧重于学生的交际能力培养，着重培养学生在实际工作中进行口头和书面交流所需的技能。

教学特点之一是通过实际情景模拟，让学生参与各种真实的工作场景练习，如商务会议、电话谈判等，以提高他们的语言应用能力。教学方法注重培养学生的实际操作技能，采用实践性教学方法，例如案例分析、模拟演练等，使学生能够更好地应对

实际工作挑战。课程教学多样化，运用多种教学手段如多媒体、互动式教学和实践性教学等，以提高学生学习的效果和兴趣。教学特点在于结合了实用性和灵活性，课程设置灵活多样，根据不同专业需求和学生实际水平调整教学内容，使之更符合职业需求。教学所用教材和资源更贴近职业实践，包括真实案例、行业文献和实际工作场景的模拟资源，有助于学生更好地理解和应用所学知识。

高职英语教学重视与行业的合作，与企业建立合作关系，提供实习机会或参与实际项目，让学生更深入地了解并参与到实际职业环境中。高职英语教学特点的客观依据是以职业导向为核心，着重于实际应用和实践能力培养，通过多样化的教学手段和与实际工作场景的紧密结合，提高学生在特定职业领域的英语应用能力和就业竞争力。

（三）高职学生的特点适宜在课堂上引入语言教学

正如在高职英语教学现状中所提到的，高职学生的英语入学基础普遍比较差，他们虽然也能意识到英语学习的重要性但以往的英语学习不成功的经历使他们面对高职阶段的英语学习时有一种畏难、缺乏信心的心理状态。高职学生的特点适宜在课堂上引入语言教学，高职学生通常具有明确的职业目标和实际应用需求，他们渴望学习能够直接应用于工作中的语言技能和知识。学生来自不同的职业背景，因此，语言教学应当能够贴近各个专业领域，满足不同学生的职业要求。由于高职教育的实践性特点，学生更倾向于通过实际操作学习，因此，语言教学需结合实际场景和案例进行教学。

高职学生通常具有较强的实践动手能力和灵活适应性，因此，语言教学应采用多样化、灵活性强的教学方式。课堂上的语言教学应紧密结合特定职业领域的需求，帮助学生掌握与未来职业相关的语言技能。学生在职场中需要良好的沟通技巧，因此课堂上的语言教学应重点培养学生的口头表达和书面沟通能力。通过引入真实案例和行业经验，课堂上的语言教学有助于学生更好地理解和应用所学的语言知识。学生具有个性化的学习需求，因此，语言教学应能够满足不同学生的学习兴趣和学习方式。以上特点使得课堂上引入语言教学更符合高职学生的实际学习需求和职业发展方向，能够更好地激发学生的学习兴趣，提升他们的职业竞争力。

三、以提升学生职业能力为导向，培养英语语言能力

培养学生英语语言能力应当以提升他们的职业能力为导向，因为在当今全球化的环境中，良好的英语能力已经成为了职场成功的关键因素之一，英语已经成为国际交流的主要语言，在跨国企业和国际组织中使用广泛。因此，培养学生的英语语言能力不仅仅是为了获得语言技能，更是为了帮助他们在未来的职业生涯中更好地适应和成功。学生通过提高英语语言能力可以更好地融入全球化的工作环境。随着全球市场的扩大，许多公司和组织都在寻求国际化和全球化发展。拥有良好的英语能力的员工可以更轻松地与国际同事、客户和合作伙伴进行沟通交流，从而更好地理解他们的需求

和想法，促进合作，提高工作效率。

良好的英语语言能力有助于学生获取更广阔的职业机会，许多国际性公司和跨国组织更倾向于招聘那些具备良好英语能力的候选人。无论是在国内还是海外，对英语流利的人才的需求日益增加。因此，学生通过提升英语能力可以增加自己在求职市场上的竞争力，获得更多的职业发展机会。英语语言能力对于学生在跨国公司工作或国际项目中取得成功至关重要。在这些工作中，除了语言技能外，理解和尊重不同文化背景的能力也是至关重要的。通过学习英语，学生也可以更深入地了解英语国家的文化和习俗，增进跨文化交流的能力，提高在国际舞台上的沟通和协作水平。

培养学生的英语语言能力不仅仅是为了掌握一门语言，更是为了提升他们的职业竞争力和适应力。通过良好的英语能力，学生可以更好地适应全球化的职场环境，拓宽职业发展渠道，增强跨文化交流能力，从而更好地迎接未来的职业挑战。

第三节　高职英语教学的职业性特点

目前，我国高职院校主要是培养适应生产、建设、管理、服务第一线需要的高级应用型技术人才。因此，高职院校的英语教学必须从高职院校人才培养的总目标出发，在教学中贯彻以应用能力为主线的思想原则，积极探索适应高职生提升学生职业能力需要的英语教学方式方法。

社会对高职生英语能力的要求社会调查，很多企业在用人过程中发现高职毕业生英语能力和水平一般，有的还比较差，不能适应企业的需要，三资企业反应更为突出。一些企业引进了大型的进口机器设备，为了能熟练地操作并对机器进行日常维修，对技术员工的英语水平要求较高。纵观目前社会对学生英语能力的需求，实用能力早已毫无疑问地排在了首位。企业在选择人才时，基本上都要求学生能看懂资料，能开口说、用笔写。尤其在外企，对人才的语言要求更高，能开口交流、沟通是必备素质。因此，教育部高等教育司编印发的《高职高专教育英语课程教学基本要求》（试行）做出规定，高职院校英语教学要以培养学生实际运用语言的能力为目标，突出教学内容的实用性和针对性。

一、高职学生英语水平的现状与教学现状

目前，我国高职院校的生源主要来自两个方面：普通高中毕业生和初中毕业生。普通高中毕业生经历了高考选拔，但总体英语水平并不尽如人意。对于普通高中毕业生，他们经历了三年的英语学习，但由于课程设置、教学方法和学习环境的限制，许多学生的英语水平未能达到预期。在教学方面，一些学校可能缺乏资深的英语教师或教学资源，导致教学质量参差不齐。同时，课程内容可能过于注重应试和考试技巧，

而忽视了实际语言运用能力的培养。这些因素都制约了学生的英语学习效果。部分高职院校也招收初中毕业生。这些学生可能来自家庭经济状况较差或教育资源匮乏的地区，他们的英语基础通常较差。由于没有经历高中的系统英语学习，他们在语言能力和应试技巧方面普遍存在较大差距，需要更多的时间和资源来提高英语水平。

教学现状显示，一些高职院校已意识到了这些问题，并开始尝试改进教学方法和课程设置。一些学校加强了师资培训，引进更先进的教学理念和方法，以更好地激发学生的学习兴趣和提高学习效果。此外，一些学校也增设了英语角、开展英语竞赛等活动，为学生提供更多实践和交流的机会，以提升语言能力。尽管面临着学生英语水平参差不齐的挑战，但高职院校也在不断努力提高教学质量和提升学生的英语水平。通过更有效的教学方法和更全面的教学内容，以及更多的实践机会，相信可以帮助学生更好地适应未来职业需要，提高英语水平，从而更好地融入国际化的职场环境。

二、高职英语教学的职业性特点

根据高职院校培养的总体目标，高职毕业生在未来的实际工作中将会面临涉外业务活动，因此，高职学生英语教学具有职业性特点，但它又不同于职业英语，职业英语主要是指工作上应用的英语，特别是在商贸活动中运用英语沟通的能力。不同的工作岗位，对员工在英语会话和书写方面有不同要求。现在比较流行的美国的托福、托业，英国的雅思，都是典型的职业英语考试。

高职院校培养的总体目标是为学生提供实用性强、职业性突出的教育，使他们在毕业后能够顺利地适应职业生活。在这个过程中，英语教学具有职业性特点，但与传统的职业英语有所不同。高职院校培养的英语教学注重学生在未来实际工作中所面临的涉外业务活动，这包括了跨文化交流、国际合作、跨境贸易等方面的英语应用能力。与传统职业英语注重工作场景下的语言运用不同，高职英语教学更强调学生对涉外业务活动的理解和应对能力。学生需要了解国际商务惯例、跨文化沟通技巧及国际贸易流程，而不仅仅是语言表达的准确性。

高职英语教学更注重实际情境下的语言运用，帮助学生掌握商务交流所需的词汇、用语和表达方式，同时，也重视学生的商务思维能力和问题解决能力，培养他们在处理跨文化交流和涉外业务中的灵活性和适应性。相较于传统职业英语，高职英语教学更倾向于综合性的能力培养。它要求学生具备更全面的能力，包括语言技能、商务知识、跨文化沟通能力以及问题解决和应变能力。这种综合性的教学理念更符合未来工作环境对于人才的需求，培养出的学生不仅能熟练运用英语进行沟通，还能更好地适应复杂多变的国际商务环境，具备更高的职业素养。

高职学生的英语教学具有职业性特点，但与传统的职业英语略有不同，它更强调学生在涉外业务活动中所需的综合能力，不仅包括语言技能，还涵盖了商务知识、跨文化沟通和问题解决能力。这样的教学模式，更有利于学生在未来职业生涯中成功应对各种复杂的国际商务挑战。

三、改进高职英语教学的主要对策

高职英语教学的目的不是为了考试，而是为了应用，而且要体现职业性特点。因此，高职院校的英语教学必须把提高学生应用能力作为第一要务。

（一）重视英语教育与提升学生职业能力标准相兼容，培养行业所需的应用型人才

重视英语教育与提升学生职业能力标准是相互兼容的，这种兼容性有助于培养适应行业需求的应用型人才。英语作为一种全球通用的语言，在当今国际化的环境中扮演着关键的角色。因此，将英语教育融入学生的职业能力培养中是非常必要的。重视英语教育可以帮助学生拥有与世界沟通交流的能力，在现代职场中，很多行业需要员工与国际客户、合作伙伴或跨国团队进行频繁的沟通。具备良好英语能力的员工能够更有效地与全球范围内的人进行交流，促进合作，增进理解，提高工作效率。

注重英语教育有助于提升学生的跨文化交流能力，现今的商业环境非常多元化，涉及不同国家和文化背景的交流合作。通过英语教育，学生可以更好地了解其他文化的价值观、商务礼仪和沟通方式，从而更好地适应多元化的工作环境，更好地处理跨文化交流中的挑战。将英语教育与职业能力标准相结合，有助于培养学生具备更强的就业竞争力。许多行业和企业看重英语能力，尤其是对于那些需要与国际市场接轨或者面向国际化发展的行业。具备良好英语能力的学生更容易融入这些行业，为自己的职业发展打下良好基础。重视英语教育与提升学生职业能力标准的兼容性，也有助于学生在未来职业生涯中持续成长。随着全球化进程的加速，未来工作环境可能需要员工不断适应新的国际化挑战。通过注重英语教育，学生将具备更强的学习能力和适应能力，更好地应对未来工作中的变化与挑战。重视英语教育与提升学生职业能力标准是相互兼容的，良好的英语教育不仅可以提高学生的语言能力，还能够培养其在国际化职场中所需的综合能力，为适应行业需求和成为优秀的应用型人才奠定坚实的基础。

（二）突出语言的实际应用，加强语言技能的培养

高职英语课程的教学目的是培养学生掌握必需的英语语言知识和语言技能，具有阅读和翻译与本专业有关的英文资料的初步能力，并为进一步提高英语的应用能力打下一定的基础。当前，高职英语教学没有明显的针对性，是造成高职毕业生在实际工作中基本上不具备使用英语的能力的重要原因之一。因此，英语的教学内容要以应用为目的，以"必需、够用"为度。

目前的高职英语教学过于注重基础知识和技能的灌输，而缺乏与实际职业需求相关的内容。课程内容可能更侧重于语法、词汇等基础知识的传授，而缺少与不同专业

领域相关的实际语言应用。因此,学生虽然掌握了一定的英语语言知识,但在实际工作中应用起来会面临困难,因为他们缺乏与专业相关的实际应用技能。

现有的高职英语教学模式往往缺乏实践性和交际性的内容。学生在课堂上更多地进行书面的语言学习,但却缺少实际的口语交流、写作和听力训练。这导致学生对于实际应用场景的准备不足,无法有效运用英语与他人交流、处理工作事务。

教学方法可能也存在局限性。过于注重传统的教学方式,如讲授和笔记,而缺少更多交互式、实践性的教学手段。这种单一的教学方法可能无法激发学生学习英语的兴趣,也难以提高他们的实际应用能力。当前,高职英语教学缺乏针对性,使得毕业生在实际工作中缺乏英语运用能力。为了提高毕业生的英语应用能力,教育机构需要调整课程设置和教学方法,增加与专业相关的实际语言应用内容,注重实践性和交际性的训练,以培养学生更好地适应未来工作需要的英语能力。

(三)针对英语入学水平参差不齐的现象,实行分层教学

由于目前我国高职院校学生的英语入学水平参差不齐学生的学习动机、学习态度、学习方法、学习热情等情趣意志方面存在着比较大的差异。有的学生只为拿到文凭,毕业后好找工作,有的学生则希望毕业后继续深造;有的学生学习有畏难心理,有的学生能迎难而上;有的学生掌握了良好的英语学习方法,学习轻松,有的学生学习方法不当,事倍而功半。如果忽视学生的这种差异性,教学肯定达不到较好的效果,造成差的跟不上,优的"吃不饱"。因此,在教学中应当分层教学,教学活动层次化,由低到高发展,使各层次的学生都能得到相应的提高。分层要打破传统的教学班的划分方法,根据不同学生之间基础能力水平差异和认知水平的差异,划分若干层次的教学班级。同时,根据不同层次的学生制定不同的教学目标合理安排教学内容,由学生自己选择班级,这样既有利于调动学生的学习积极性,又有利于提高学生的学习和探究能力。

(四)改革教学方法和教学手段,充分调动学生学习的积极性

改革教学方法和教学手段对于充分调动学生学习的积极性至关重要,为了激发学生的学习热情和提高他们的学习效果,教育界需要不断探索和采用创新的教学方式和手段。引入多元化的教学方法是关键之一,传统的讲授模式可以结合现代科技手段,采用多媒体教学、网络教学等形式,使课程更生动、直观。通过图像、视频等多媒体展示,可以增加学生的学习兴趣,提高信息的吸收和理解能力。

注重实践性教学也是关键之一,例如开展实践项目、模拟演练、实地考察等活动,让学生在真实场景中应用所学知识,培养他们的实际操作能力和解决问题的能力。这种实践性教学不仅能增强学生的学习动力,还能够加深他们对知识的理解和记忆。个性化教学也值得关注,了解学生的不同学习风格和能力水平,针对性地为每个学生制订合适的学习计划和教学内容。差异化的教学方式可以更好地满足学生的需求,提高

教学的针对性和有效性。

鼓励学生自主学习也至关重要。教师可以提供资源和指导，激发学生的学习兴趣和自我探索的能力，让他们在课堂之外积极寻找学习资源，发挥自主学习的主动性。改革教学方法和教学手段是提高学生学习积极性的关键，引入多元化的教学方式、促进互动式教学、注重实践性教学、个性化教学以及鼓励学生自主学习，这些方法将有助于激发学生学习的热情，提高他们的学习效果，培养出更具创新能力和实践能力的人才。

（五）运用科学的教学监测体系，促使英语课程教学达到基本要求

高职英语教学质量的高低和教学效果如何只有通过相应的检测手段，即考试来检验。目前，以《高职高专英语应用能力检测试题库》为依据设计的"高等学校英语应用能力考试"正在全国职业院校实施。此考试分为 A，B 两级，其中，A 级为国家标准 B 级为适应当前现实状况的过渡要求，经过若干年的努力，最终全部达到 A 级标准，但是 A 级通过率较低。因此，在高等职业英语教学中，还应紧紧围绕拓展学生的英语应用能力和各种技能的培养来组织教学促使英语课程教学达到基本要求。同时，要认真落实分层教学以提升学生职业能力为导向，以满足社会对人才的需求。

第六章 高职英语教师专业化发展途径与策略

第一节 高职英语教师专业化发展的指导思想和目标

一、高职英语教师专业化发展的指导思想

（一）以学生为导向的指导思想

以学生为导向是高职英语教师专业化发展中的重要指导思想，这一理念着眼于学生的成长和需求，教师应以此为中心，构建教学策略和方法，以更好地满足学生的学习需求。在实践中，教师需要深入了解学生的背景、兴趣、学习习惯和水平差异。这种了解有助于教师根据学生的特点，设计个性化的教学方案，确保教学内容贴合学生的需求。例如在教学设计中，教师可以采用多样化的教学手段，如案例分析、小组讨论、项目实践等，以促进学生参与和学习兴趣，从而提升教学的针对性和实效性。关注学生的学习过程也是重要的一环。教师可以通过定期与学生的沟通交流，收集学生的反馈意见，及时调整教学策略，满足学生不同阶段的学习需求。通过建立良好的师生互动，教师可以更好地指导学生，激发他们的学习兴趣，并提供个性化的学习支持。

高职英语教师应注重教学内容与实际职业需求的结合。教师可以通过引入真实案例、行业实践等教学资源，使学生能够更直接地将所学知识应用于职业实践中。这种针对职业发展的教学模式有助于提高学生的职业素养和实际应用能力，更好地迎合当前职场的需求。

以学生为导向的教学理念是教师专业化发展的重要组成部分。通过关注学生的个性差异、需求和职业发展方向，教师能够更加灵活地调整教学策略和方法，为学生的全面发展提供更有效的教学支持。这种以学生为中心的教学理念将为高职院校英语教师的专业化发展提供坚实的基础和指导。

（二）以实践为导向的指导思想

实践导向是高职英语教师专业化发展中的重要理念，这一理念强调将理论知识与实际教学结合，促使教师能够更好地培养学生的实际应用能力，使学生在工作中能够

更快速、更有效地应对各种挑战。在实践导向的教学中，教师需要将课堂所学知识与实际案例和行业需求联系起来。通过引入真实案例、模拟实验、项目作业等教学形式，学生能够更直观地了解和应用所学知识。例如在英语专业课程中，可以结合行业案例，让学生分析真实场景下的英语应用，从而培养他们在工作中运用英语的能力。教师还需将学生的实际职业发展需求纳入教学内容中。了解学生所选择的职业方向和行业要求，为他们提供相关的教学内容和实践机会，促进学生在专业领域的成长。例如通过与行业合作、实习实训等方式，让学生在实际工作环境中运用所学知识和技能，增强其实际操作能力和职业素养。在实践导向的教学模式中，教师的作用不仅仅是传授知识，更应是引导学生学以致用。通过激发学生的学习兴趣和主动性，鼓励他们参与到实践性的学习中，从而促进他们在解决实际问题时能够更有创造性和适应性。

实践导向教学是为了培养学生实际应用能力和职业素养而设计的，这种教学理念有助于学生更好地适应未来的职业环境，同时，也能够提升学生的综合素质和职业能力，使其在职场上具备更强的竞争力。对于高职英语教师而言，理解和贯彻实践导向教学，将为教师的专业化发展提供重要支撑。

二、高职英语教师专业化发展的目标

提升教学水平是高职英语教师专业化发展中的关键目标之一，这涉及教师自身的知识水平、教学方法、教学资源的应用及教学效果的提升。教师需要持续不断地加强自身的专业知识储备。随着教育领域的不断变革和学科知识的更新换代，教师需要通过参加各类学术研讨会、专业培训以及阅读最新的学术文献来不断丰富自己的专业知识。只有不断学习和更新知识，教师才能在课堂上为学生提供更加权威和专业的教学内容。

教学方法的创新也是提升教学水平的关键因素，教师需要根据学生的特点和需求，灵活运用各种教学方法和手段，如案例教学、互动式教学、实践活动等，以提高学生的学习积极性和效果。不断尝试新的教学模式和方法，适应学生的多样化学习需求，有助于提升教学的针对性和实效性。教师还应当善于运用各类教学资源，除了传统的教材和课堂教学外，教师可以利用多媒体技术、网络资源以及在线教学平台等现代化教学手段。这些资源能够为学生提供更加生动、直观的学习体验，激发学生的学习兴趣。

教学评估也是提升教学水平的重要环节。通过定期的教学评估和反思，教师能够了解学生的学习情况，发现教学中的不足之处，并及时调整教学策略。同时，学生的反馈也是重要的评估指标，教师需要倾听学生的意见和建议，不断改进教学方法和内容。提升教学水平需要教师不断地更新知识、创新教学方法、灵活运用教学资源以及进行有效的教学评估。这样的努力不仅有助于提高学生的学习效果，也能够不断提升教师自身的教学水平和教学能力。

课程优化与创新是高职英语教师专业化发展中的重要目标，对于提升教学质量和适应学生需求至关重要。课程优化需要根据学生的特点和实际需求进行调整。教师应对课程内容进行精简和优化，确保内容的针对性和实用性。这可以通过深入了解学生的学习背景和职业需求，结合行业发展趋势，优化课程设置和教学内容，使之更贴合学生的实际需求，提高教学效果。

　　课程创新要求教师不断尝试新的教学方法和形式。通过引入创新元素，如案例分析、小组讨论、项目实践等教学形式，激发学生的学习兴趣和参与度。同时，利用先进的教学技术和教育资源，如多媒体教学、在线教育平台等，丰富教学手段，提升教学效果。课程优化与创新也需要注重跨学科融合，教师可以将英语教学与其他学科内容相结合，设计跨学科课程，让学生在学习英语的同时，也能够了解相关领域的知识和技能，提升学习的综合效果。课程创新也需要关注教学目标的达成。教师应明确课程的教学目标和学习成果，以便更好地指导学生的学习方向和进度。通过设置清晰的目标和评估标准，帮助学生更好地理解和把握课程内容，提升学习效果和学习动力。

　　课程优化与创新需要不断反思和调整。教师应在教学实践中不断总结经验，接受学生的反馈意见，及时调整教学内容和方法。通过不断地改进和完善，提高课程的质量和吸引力，以满足学生的学习需求。课程优化与创新是高职英语教师专业化发展中不可或缺的一环。通过精心设计、灵活调整和创新教学方法，教师能够更好地满足学生的学习需求，提高教学质量，为学生提供更加丰富、实用和具有竞争力的英语教育。学生发展促进是高职英语教师专业化发展中的核心目标之一，旨在培养学生综合素质和职业能力，促进其全面发展。

　　教师应关注学生个性和学习差异，通过个性化的教学方式激发学生学习兴趣，针对不同学生的特点和需求，采用多元化的教学方法，如个性化辅导、小组讨论、个人项目设计等，激发学生的学习热情和主动性，提高他们的学习效果。积极引导学生参与实践活动，提升其实际操作能力。教师可以组织学生参与各类实践项目、校外实习、社会实践等活动，让学生在实际操作中掌握所学知识和技能，培养解决问题的能力和实践经验。鼓励学生多样化的思维和创新能力也是促进学生发展的关键。通过开展创新项目、组织创意竞赛等形式，培养学生独立思考、解决问题的能力，提高他们的创新意识和实践能力。

　　注重学生的综合素质培养也是非常重要的，除了专业知识外，教师应着重培养学生的沟通能力、团队协作能力、领导能力等综合素质。通过课堂教学、团队项目合作、社团活动等方式，帮助学生全面提升自己的综合素质，增强竞争力。教师在学生发展促进中扮演着引导和激励的角色。教师应是学生的引路人和榜样，通过言传身教激发学生的进取心和责任感。给予学生积极的鼓励和肯定，建立正面的学习氛围，激励学生不断进步和成长。促进学生发展是高职英语教师专业化发展的重要任务。通过关注学生个性化需求、引导参与实践、培养创新能力、提升综合素质，以及教师的积极引导和激励，共同推动学生全面发展，为其未来职业发展打下坚实的基础。

专业发展氛围的构建，对于高职英语教师专业化发展至关重要，这种氛围有助于激发教师的学习热情、促进交流合作、提升教学水平，进而影响整个教育体系的质量与效率。构建专业发展氛围需要建立一个积极向上的学习环境。学校和院系应提供各种学术交流平台，如学术讲座、研讨会、教学沙龙等，鼓励教师参与并分享自己的教学经验和研究成果。这有助于促进教师间的相互交流和学习，激发教师的学术热情和探索欲望。营造一种尊重和信任的教师间合作氛围。建立起相互支持、共同进步的文化氛围，教师们可以互相启发、分享成功经验、共同探讨问题，并能够坦诚交流意见和建议。这种合作氛围能够促进教师之间的相互促进，形成良好的学术氛围。

重视个体价值和成长也是构建专业发展氛围的重要环节，学校应给予教师足够的学术自由，鼓励教师探索和创新。同时，对于教师的教学成果和专业发展给予充分的肯定和奖励，激励教师不断进步，推动个体和整个教育团队的成长。建立规范化的教师培训体系也是构建专业发展氛围的必要措施。学校可制订并实施专业培训计划，为教师提供系统化的培训课程和资源，使教师能够不断提升专业水平，适应教育的变革和发展。还应注重教师的心理健康和工作满意度。提供心理辅导和职业发展指导，帮助教师保持良好的心态和工作状态，保证教师能够在积极向上的氛围中持续地发展和成长。

构建专业发展氛围需要学校和院系共同努力，建立开放包容、积极向上的学术文化。只有通过这种积极的学术氛围和合作精神，才能够不断激发教师的学习热情、促进教学水平的提升，为学生提供更高质量的教育服务。

第二节 高职英语教师专业化发展的内涵和要求

一、高职英语教师专业化发展的内涵

高职英语教师专业化发展涵盖了多个方面，旨在提升教师的专业素养、教学能力和教育教学水平，以更好地适应高职院校的教学需求，高职英语教师专业化发展的内涵不仅包括对英语专业知识和教学技能的全面掌握，还包括对教学实践能力、学术素养、跨学科知识、教育理念等方面的不断提升，以适应高职院校教学的特点和要求，为学生提供更优质的教育服务。

（一）教学知识和技能

高职英语教师的角色十分重要，他们需要具备广泛且深入的英语语言知识和教学技能，这包括对英语语法、词汇、听说读写能力的全面掌握。首先，他们需要对英语语法体系有深入的了解，包括句子结构、时态、语态等方面的知识。其次，词汇量的

丰富和准确运用也是必不可少的。这种语言知识的掌握不仅仅是为了传授给学生，也是为了在教学过程中准确使用、灵活运用。除了语言知识，高职英语教师还需拥有卓越的听说读写能力。这不仅体现在他们对英语听力和口语交流的流利程度，更包括阅读和写作方面的能力。他们应该能够阅读各种类型的英语文本，理解其中的信息，并且能够准确地书面表达自己的观点和想法。这些能力的提升有助于提高教学质量和效果，为学生树立榜样。

高职英语教师还需要具备有效的教学方法和策略，这包括了多种不同的教学技巧，如利用多媒体教学手段、激发学生的学习兴趣、设计有趣和具有挑战性的教学活动等。针对学生的特点和需求，他们需要能够设计和实施切实可行的教学计划，以达到教学目标。高职英语教师应该灵活运用不同的教学方法和策略，因为学生的学习能力和兴趣各不相同，因此，教师需要灵活调整教学内容和方式，以满足不同学生的学习需求。这意味着他们需要不断地反思教学方法的有效性，并对教学计划进行调整和改进。

高职英语教师需要扎实的英语语言知识和多样化的教学技能，除了对语法、词汇、听说读写能力的全面掌握外，他们还需要拥有多样化的教学方法和策略，以及对学生需求的敏感性和个性化的教学实践，以确保教学质量和学生的学习效果。

（二）专业发展和学术素养

教师的专业发展是确保教学水平持续提高和适应教育领域快速变化的关键。参与学术研究是教师专业发展的重要途径之一，通过参与研究项目，教师可以深入探讨特定领域的问题，了解最新的研究成果和趋势，提升自己的学术水平和研究能力。这种经验和知识的积累可以帮助教师更好地理解并应用最新的教育理念和方法，从而提升教学质量。了解最新的教学理论和方法也是教师专业发展的重要方面，教育领域不断涌现出新的理论和方法，教师需要不断学习和更新自己的教学理念，以适应不断变化的教育环境。通过了解并运用最新的教学理论和方法，教师可以更灵活地调整教学方式，更有效地激发学生的学习兴趣，提高教学效果。

参加专业培训也是教师专业发展的重要途径之一，专业培训能够提供系统化的教育培训内容，帮助教师了解最新的教学技术和教育政策，掌握教学技能和教学方法。通过参加培训，教师可以更新自己的知识体系，获取新的教学资源和方法，提升自己的教学能力。拥有良好的学术素养对于教师的专业发展至关重要，学术素养包括了对教育领域的深入理解、对教育研究方法的熟悉和运用能力，以及对教育理论的掌握和应用能力。具备良好的学术素养可以让教师更好地理解和把握教育的本质和规律，更加灵活地运用教育理论指导实践，提升教学质量。

（三）提高教学实践能力以及跨学科知识等综合能力

教师需要通过实际的教学实践来提升自己的教学能力，这包括与学生的互动、课堂管理、评估和反馈等方面的能力，通过实际教学实践，教师可以更好地理解学生的需求，针对性地改进教学方法和策略。除了英语专业知识外，教师还需要具备跨学科的知识和综合能力。因为高职教育通常涉及实际的行业知识，教师需要了解相关行业的特点和要求，以更好地将英语教学与实际职业需求相结合，提供更实用的教育。高职英语教师需要清晰地认识到教育的使命和教学目标，他们应该明确自己的教育理念，并通过实际行动去实现这些理念，努力促进学生的全面发展和职业素养的提升。

二、高职英语教师专业化发展的要求

日新月异的时代对未来教师的角色给出了新的定位，教师不仅是学习引导者和心理教育者，还应该是行动研究者，鉴于职业教育的特殊性，职业院校对英语教师的要求也有了新的突破，从角色转变、能力定位上升到专业深化，要求英语教师所承担的不应该仅仅是英语基础知识的传授，更多的应该是创建基础英语与职业能力培养的灵活结合机制。另外，在角色上也需要有更大的转变，即要求从一个教学一线的传道者发展到教与研相结合的研究者，形成教学与研究的科学共同体。

（一）角色的转换

英语教学长期以来受到应试教育的影响，部分教师仍停留在传统教学的框架内，这种"满堂灌"式的教学方法限制了学生自主学习能力和创新思维的发展。特别是在职业院校，教学模式本身具有强大的实践应用性，而高职英语教学则更需要摆脱陈旧观念，勇于开拓创新，促进自主发展。传统的英语教学往往偏重教师单向传授知识，而学生扮演被动接收角色。这种模式对于学生的创造性思维和自主学习能力的培养存在限制。在高职院校，学生更需要具备实际应用英语的能力，而这一能力往往不仅仅是语法和词汇的掌握，更需要灵活运用英语于实际场景。

职业院校英语教学应该转变为更加注重学生参与和实践的模式，这可以通过引入更多的互动式教学方法来实现，例如小组讨论、案例分析、项目设计等。通过这些方式，学生将能够更积极地参与学习过程，从而培养创新思维和解决问题的能力，更好地适应未来职业发展的需求。教师应该鼓励学生在英语学习中展现自主性和独立性，为了实现这一点，教师可以为学生提供更多自主学习的机会，例如设计独立研究课题、鼓励学生自主选择学习资料、激发学生参与英语角、组织实践活动等。这些举措有助于激发学生的学习兴趣和自主学习的能力，提升他们的学习动力和创新能力。

利用现代技术手段也是推动高职英语教学创新的重要途径，教师可以利用网络资源、多媒体教学等方式，丰富教学内容，提供更多形式多样的学习资源，激发学生学习的兴趣和积极性。高职英语教学需要从应试教育的束缚中解脱出来，转变传统教学方式，更注重学生的参与和实践，培养学生的创新能力和自主学习能力。这种变革将有助于学生更好地适应未来职业发展的需求，更好地应用英语于实际工作和生活中。

（二）能力的定位

大部分高职学生在英语基础方面存在不够扎实的情况，同时他们对英语学习的兴趣也不高，这对教师在英语教学过程中构成了一个重要的阻碍因素。此外，学生对所学专业的倾向行为也给英语教学带来了挑战，使得教学效果难以达到预期。许多高职学生的英语基础较差，这可能是由于中学阶段英语教育的局限性或者学生本身对英语学习的态度不积极所致。这种情况使得教师在教学过程中需要花更多的时间和精力，去弥补学生英语基础不足的问题，而这会影响到更高层次的英语技能和知识的学习和掌握。

学生对所学专业的倾向行为可能导致他们对英语学习的重视程度不高，因为学生可能更倾向于专业课程，对英语学习的兴趣和投入较低。这使得教师在教学中需要更具挑战性地激发学生对英语学习的兴趣，以提高他们的学习动力和参与度。教学过程中可能面临的另一个挑战是，学生对英语学习的需求感受不够强烈，他们可能认为专业课程更重要，而英语只是一门基础课程，对未来职业发展并不是绝对关键的因素。这种观念会减弱学生在学习英语方面的主动性和投入度，从而影响到教学效果的提升。

为了应对这些挑战，教师可以采取一些策略来激发学生的英语学习兴趣和提高教学效果。例如教师可以结合专业课程内容，设计与学生所学专业相关的英语教学内容，让学生在学习英语的同时感受到其在未来职业发展中的实际应用价值。此外，教师还可以采用多样化的教学方法，增加趣味性和互动性，以激发学生的学习兴趣和积极性，提高英语学习的效果和成效。

（三）专业的深化

高职院校的英语教师大多数都是师范院校英语专业本科毕业，对英语本专业的学习较为扎实。然而，高职院校的专业设置具有一定的局限性，大学英语课程在高职院校被作为一门公共课程所开设，是每个专业学生的必修课，教师一般只需带领学生通过英语三、四级考试，但是，随着各专业建设的大力发展，各类专业教学对英语教师提出了更高的要求，它要求英语教师在开展英语教学的同时，应积极结合学生所学专业的需求，以公共英语课程为专业发展服务，真正做到以英语课堂来巩固专业知识，以专业知识来增强英语兴趣，最终实现学生"专业＋技能"全面发展。

第三节 高职英语教师专业化发展的途径与策略

一、高职英语教师专业化发展的途径

运用互联网和在线资源也是重要一步，教师可以借助各种工具和技术，为学生提供更具创新性和实用性的教学内容。在实践中不断反思和调整教学策略同样至关重要，这有助于适应学生需求和不断变化的教学环境。最后，尝试多元化的教学实践也是必要的，通过探索项目式学习、合作学习等方法，丰富教学手段以提高教学效果。这些途径相辅相成，能够全面提升高职英语教师的专业化水平，使其在教育教学领域更具竞争力和影响力。高职英语教师专业化发展的途径可以通过以下几个方面来实现：

（一）参加继续教育和培训

参加相关的教师培训课程、研讨会、研修班等，不断提升专业知识和教学技能。这些培训课程可以是针对英语教学方法、课程设计、评估方法等方面的专业化课程。积极参与教育领域的学术研究，进行教学实践探索并撰写相关论文或参与教育教学领域的研究项目，提高自身的学术水平和教学经验。

持续参加教师培训课程、研讨会以及研修班对于高职英语教师专业化发展至关重要，这些培训课程涵盖广泛的内容，其中专业化课程着重于英语教学方法、课程设计和评估方法。通过这些课程，教师们可以获取最新的教学理论和实践经验，了解和掌握创新的教学方法和工具。针对英语教学方法的专业课程能够帮助教师更好地应用不同的教学策略和技巧，更灵活地满足学生的学习需求。课程设计方面的培训使教师能够有效地规划和组织教学内容，根据学生的特点和课程目标进行灵活调整。而关于评估方法的专业化课程则有助于教师更准确地评估学生的学习成果，有效反馈并改进教学方法。这些培训课程不仅提供了理论知识，更重要的是将知识与实践相结合，让教师能够灵活应用所学，提高教学质量，并与时俱进地适应不断变化的教育环境和学生需求。

（二）参与专业团体和学术交流

加入英语教师专业组织、协会或学术团体对高职英语教师的专业化发展至关重要。这样的参与提供了一个与同行交流、学习和分享的平台。参与各种学术交流、讲座和研讨会活动有助于拓宽教师的专业视野，使其接触到最新的教学理念、方法和研究成果。在这些活动中，教师可以与其他专业人士互动、交流教学经验和最佳实践，探讨解决教学中的挑战和问题。这样的经验分享和互动促进了教师之间的合作和共同成长，有助于发现新的教学创新点和灵感，激发教学热情。此外，这些组织和团体还为教师提供了参与教学项目、合作研究和学术出版等机会，促进了教师在学术和专业领域的发展。通过参与专业组织和协会的活动，高职英语教师能够不断提升专业素养，保持与领域最新发展的紧密联系，为教育教学贡献更多且更高水平的经验和能量。

（三）多元化的教学和工具的应用

利用互联网和在线教学资源，探索并灵活运用各种教学工具、平台和技术，为学生提供更具创新性和实用性的教学内容，积累教学经验并进行反思，及时调整教学策略，不断改进教学方法和课程设计，以更好地适应学生的需求和教学环境的变化。尝试多种教学方法，如项目式学习、合作学习、实践教学等，以丰富教学手段和提升教学效果。

二、高职英语教师专业化发展的策略

高职英语教师专业化发展的策略涉及多个方面，一位高职英语教师可以选择参加专业培训课程，比如针对英语教学方法、课程设计、教学评估等方面的研讨会。例如参加由教育机构或学术团体组织的讲座和研修班，学习最新的教学理论和实践经验。教师可以开展学术研究，并将研究成果转化为实际的教学实践，举例来说，教师可以进行关于有效英语教学方法的研究，并在课堂上尝试这些方法，然后观察学生学习成果以及课堂效果。参与英语教师专业组织、协会等。

利用在线资源和教学工具来支持教学，比如使用在线语言学习平台、数字化教材和多媒体教学素材。举例来说，教师可以利用在线语言学习应用程序和网站为学生提供额外的练习和资源。采用不同的教学方法和策略来满足不同学生的学习需求。比如教师可以运用合作学习、项目式学习或游戏化教学方法，增加课堂互动和学习的趣味性。教师需要定期反思教学实践，接受学生和同事的反馈，并根据反馈意见调整教学策略和方法。例如通过学生问卷调查和课堂观察来了解学生的学习需求和反应，然后据此调整课程设计和教学方式。与其他学科的教师合作，开展跨学科教学项目。例如与艺术或科学领域的教师合作，设计一个融合语言学习和其他学科知识的课程，以拓展学生的知识面和技能．这些策略并非孤立的，而是相互交织，共同促进了高职英语教师的专业化发展。综合运用这些策略，教师可以不断提升自身的专业水平，为学生提供更丰富、更优质的教学体验。

第四节 高职院校英语教师师资队伍的培养

高职院校英语教师师资队伍的培养，是提高教学质量和适应教育发展需求的重要一环，为确保师资队伍的素质和水平，培养工作需要多方面的支持和措施。

一、高职院校英语教师师资队伍的重要性

英语教师是学生英语学习的主要引导者和指导者，他们的专业水平、教学方法和教育理念直接影响学生的学习效果和学术成就。优秀的教师能够激发学生学习英语的兴趣，指导他们建立良好的学习习惯和方法，培养他们的语言能力和跨文化沟通能力。教师在塑造学生综合素质方面扮演着重要角色，他们不仅仅传授语言知识，更应该注

重学生的综合发展。通过教育和引导，教师可以培养学生的批判性思维、创新能力、合作意识和解决问题的能力，为学生的终身发展打下坚实基础。教师还承担着职业道德和文化传承的使命，他们是学生的榜样和引路人，除了教学任务外，他们的品德、态度和行为也在影响着学生。同时，他们也是文化传承者，通过教学工作将英语国家的文化、价值观和社会习惯传递给学生，促进跨文化理解和交流。

优秀的英语教师对于高职院校的声誉和竞争力至关重要，拥有一支高素质、富有活力和创新意识的师资队伍，是学校吸引优秀学生和树立良好品牌形象的关键。他们的教学水平和科研成果直接影响学校的声誉和排名，对学校的发展至关重要。高职院校英语教师师资队伍是教育事业的重要支柱，他们的教学水平和素质不仅直接影响学生的学习成果，还关系到学校的声誉和发展前景。因此，培养高素质的英语教师队伍，提高其教学水平和专业素养，对于高职院校的发展具有极其重要的意义。

二、师资队伍培养的措施

（一）进行系统化、专业化的教育

潜在的英语教师在高职院校培训方面应获得系统化、专业化的教育。这种培训的全面性和专业性至关重要，因为它旨在确保未来教师能够全面掌握英语教学所需的知识和技能，为日后的教学工作做好充分准备。培训内容应覆盖英语语言知识的广泛范围，潜在的教师需要扎实的语法、词汇、听说读写等英语基础知识。这种基础知识的掌握是教师能否有效传授给学生英语技能和知识的基础。

教学方法与技巧也是培训中重要的一环，教师需要了解和掌握各种教学方法，包括交互式教学、实践性教学、多媒体教学等，以便能够根据不同学生的需求和学习风格进行灵活运用。教师还需要掌握课堂管理技巧、教学设计与评估等方面的技能，确保教学过程顺利开展并达到预期效果。培训内容还应涵盖教育心理学等方面的知识，了解学生的心理发展规律、学习动机、认知特点等，对于教师设计教学内容和方法至关重要。潜在的教师需要了解不同年龄、背景的学生可能存在的学习障碍，并学会采用相应的教学策略来帮助他们克服困难。

培训过程中还应注重实践性教学和教学实习。理论知识的学习必须与实际教学相结合，通过实践来巩固所学知识和技能。实习环节可以让潜在的教师亲身体验教学过程中的挑战和乐趣，培养他们的教学技能和应对能力。为了培养潜在的英语教师，高职院校需要提供系统化、专业化的培训，涵盖英语语言知识、教学方法与技巧、教育心理学等方面的内容，并结合实践性教学和教学实习，确保他们在教学岗位上胜任并为学生提供高质量的教育服务。

（二）学术研讨和专业培训

持续的专业发展对于现有英语教师的重要性不言而喻，高职院校通过提供各种专业发展机会，如学术研讨会、专业培训、教学观摩等，鼓励教师不断学习、更新知识、了解最新的教学理念和方法。学术研讨会为教师提供了与同行交流和学习的机会，这些会议通常集结了来自不同地区、不同学校的教育专家和同行，通过分享研究成果、探讨教学经验，教师们可以获取最新的教学理念、方法和技术。这有助于教师更新知识储备，丰富教学内容，更好地适应新的教育变革和需求。

专业培训为教师提供系统化、针对性的教育，培训通常包括针对特定教学技巧、课程设计、评估方法等方面的内容，通过参与专业培训，教师可以系统地学习和掌握新的教学方法和技巧，提高自身的教学能力和水平。教学观摩则是教师专业发展的重要组成部分，通过观摩其他老师的课堂教学，教师可以借鉴和吸收其他教师的成功经验和有效教学方法。这种经验交流和分享有助于提高教师的教学水平，激发教学创新和改进。不断更新知识和了解最新教学理念和方法，使教师能够更好地适应不断变化的教育需求和时代发展。这种持续的专业发展计划有助于教师不断提升自己的教学水平和专业素养，更好地服务于学生的教育需求，推动学校教育质量的持续提升。

（三）参与教育科研项目

参与教育科研项目可以提升教师的学术水平和研究能力，教育科研项目通常要求教师对教育问题进行深入研究和探讨，提升其学术能力。通过科研项目，教师可以深入了解教育领域的前沿理论、方法和趋势，不断丰富自己的学术知识储备，从而提升自己在教育领域的专业素养。教育科研项目为教师提供了一个展现和实践自己创新能力的平台。教师在科研项目中可以提出新的教学理念、方法或者教学模式，开展创新性实践和研究，从而为教育教学领域带来新思路和新成果。这种创新和成果对于提高教学质量、推动教育改革具有积极的促进作用。

教师参与科研项目还有助于为学校带来更多的教学资源和创新成果，教师在项目中所获得的研究成果可以转化为教学资源，丰富教学内容和方法，提升教学质量。而且，教师通过科研项目可能产生的创新成果和技术进步也有助于学校的声誉提升和学术影响力的加强。教师参与科研项目还能够增强教师团队的合作性和凝聚力，项目中的合作研究可以促进教师之间的交流与合作，增强团队意识，激发团队的创造力和凝聚力，提升整个教师队伍的教学水平和科研能力。

（四）建立合理的激励机制

建立合理的激励机制对于促进英语教师队伍的培养和发展至关重要，通过给予教师各种形式的奖励、评选优秀教师以及提供晋升机会等方式，学校可以激发教师的教学热情，进而促进他们的专业成长和发展。学校可以设立奖励制度来表彰教师的优秀表现，这些奖励可以是金钱奖励、荣誉称号、奖学金等形式，鼓励和肯定教师在教学方面的突出贡献。评选优秀教师是另一个激励教师的重要手段，学校可以设立评选机制，根据教师的教学水平、教学成果、教学创新等方面进行评选，并给予褒奖和奖励。

通过奖励优秀教师，学校可以激励教师更加努力地投入到教学工作中，促进他们的积极性和教学效果的提升，不仅可以提高教师的个人荣誉感，也会激发他们的工作热情，推动教学质量的提升。

提供晋升机会也是一种有效的激励方式，学校可以为优秀教师提供晋升的机会和通道，例如晋升为高级教师、教学骨干或者教研组长等职务。这种晋升机制能够激励教师不断提升自己的教学水平和能力，促进他们的专业成长和发展。学校还可以建立教师培训和学术交流的奖励制度。鼓励教师参加各类培训、学术研讨会、国际交流等活动，并给予相应的补贴或奖励，以促进教师不断学习、更新知识和提升专业水平。建立合理的激励机制对于英语教师队伍的培养和发展至关重要，学校通过奖励制度、评选优秀教师、提供晋升机会，以及鼓励教师参与培训和学术交流等方式，能够有效激发教师的教学热情，推动其专业成长和发展，进而提高整体教学质量和学校的声誉。

（五）加强教师团队的交流

加强教师团队的交流与合作对于提高教学质量和教师个人成长至关重要，学校可以组织各种形式的教师交流活动，如定期的教学经验分享会、教学资源共享会以及教学方法探讨会等。这些举措有助于建立一个良好的教师团队氛围，促进教师之间的相互学习和提高。教师团队的交流与合作不仅有助于资源共享，更能够激发教学创新和优化教学方法，在经验分享会上，教师们可以分享自己的教学经验和成功案例，讨论教学中遇到的问题及解决方案，互相启发，从而改进自己的教学策略和方法。这样的交流有助于吸收多样化的教学理念和经验，提高教学水平。

共同探讨教学方法也是促进教师间交流合作的重要方式，通过定期举办教学方法探讨会，教师可以聚焦于特定的教学主题或技术，分享各自的教学方法和策略。这样的交流讨论不仅能够促进教师们对于教学方法的深入理解，更能够激发创新思维，探索更有效的教学途径。除了教学经验和方法外，教师团队间的资源共享也是非常重要的，通过共享教学资源，如教案、课件、教学材料等，教师们可以相互借鉴，丰富自己的教学内容，提高教学效果。这种资源共享不仅节省了教师们制作教学资源的时间成本，也丰富了教学内容和方法。加强教师团队的交流与合作是推动教育教学进步的关键，学校组织各类教师交流活动，有助于营造良好的团队氛围，促进教师间的互相学习和提高。通过教学经验分享、教学方法探讨和资源共享，教师们可以共同进步，提升整体教学水平，为学校的教学质量和发展做出更大的贡献。

高职院校英语教师师资队伍的培养需要全面考虑潜在教师和现有教师的培训需求。通过提供系统化的培训、持续的专业发展计划、鼓励科研参与、建立激励机制和促进教师团队合作，能够不断提升教师的教学水平，提高教学质量，更好地适应高职院校教育的发展需要。

第七章 基于职业能力培养视角的高职英语教学模式改革的途径与对策

第一节 高职英语教学目标的重立

一、职业能力培养目标的明确

职业能力培养目标的明确性,是高职英语教学中至关重要的一环,这些目标旨在确保教学更加符合学生的职业需求,帮助他们在工作中取得成功。

职业能力培养目标应当与实际职业需求相契合,这意味着教学目标需要与不同专业领域的实际工作相关联,例如对于商务英语专业的学生,目标可能涉及商业沟通、跨文化交流等方面的能力培养,而对于工程技术专业的学生,目标可能侧重于专业术语的掌握和在国际项目中的交流能力。职业能力培养目标需要注重学生的实际需求。考虑学生的背景、学科特点和未来职业方向,制定个性化、可量化的目标。这有助于确保教学内容更贴近学生的实际情况,提高教学的实用性和针对性。明确的职业能力培养目标有助于激发学生的学习动力。清晰明确的目标能够帮助学生更好地理解学习的意义和价值,激发他们的学习兴趣,提高学习主动性和积极性。明确的职业能力培养目标对于高职英语教学至关重要,这些目标需要与实际职业需求紧密结合,关注学生的实际需求,并有助于激发学生的学习动力,进而提高教学效果和学生职业能力的培养。

二、个性化目标设置对学生发展的影响

设定个性化目标可以让学生更好地专注于自己的发展需求,当学习目标能够与学生的兴趣和目标相匹配时,他们更有动力去追求成功,并且更乐意投入学习。个性化学习能够更好地满足学生的学习需求。通过细致分析学生的学习风格、速度和兴趣爱好,教师可以定制化课程目标,使之更贴近每个学生的实际情况。这种个性化的设置有助于提升学习的实效性,因为它着眼于满足每个学生的需求,而不是简单地对所有学生施加同样的学习目标。个性化学习可以激发学生更大的学习兴趣,当学习目标与学生的兴趣爱好和职业发展方向相关联时,学生更容易感到学习有趣且有意义。例如一个对科技感兴

趣的学生可能对学习英语科技文章感到兴奋，因为这与其潜在的职业发展息息相关。这种学习方式激发了学生的学习动力，使他们更加积极主动地投入学习中。

个性化学习也有助于提高学生的学习效率，设定个性化目标可以帮助学生更快速地专注于他们真正需要掌握的知识和技能。它们能够更直接地了解自己的学习进度，有助于他们更好地规划学习时间，集中精力攻克学习重点，从而提高学习效果。个性化学习可以增强学生的自主学习能力。这种学习方式鼓励学生更多地参与到自己的学习过程中，培养了他们的自主学习能力和自我管理技能。这些技能对于他们未来的职业生涯和终身学习都具有重要意义。个性化学习体验为学生提供了更贴心、更富有成效、更令人愉悦的学习过程，通过在教学中注重个性化目标设置，可以更好地激发学生的学习兴趣、提高学习效率，培养其自主学习能力，从而促进其全面发展。

当个性化学习体验得到充分实施时，教学过程中便会呈现出更具动态性和灵活性的特点，教师将学习目标和课程内容以个性化的方式呈现给学生，倾听他们的需求和反馈，从而更好地满足学生的学习需求。在这种个性化的学习环境中，学生能够以自己的步调和风格学习，一些学生可能更适应于探究式学习，他们可能会选择更具挑战性的任务来展开独立研究，而另一些学生则可能更偏向于合作学习，乐于在小组中分享和讨论知识。因此，个性化学习体验提供了多种学习方式的选择，使得教学更贴近学生的个体差异。个性化学习还能够有效地减少学习焦虑。学生经常会面临来自学业压力和高期望的压力，而个性化的学习设置可以帮助他们更好地应对这些挑战。通过以个人需求为导向的学习，学生更有可能在自己的舒适区域内学习，从而减少不必要的焦虑感，并保持更积极的学习状态。

个性化学习在提升学生教学满意度方面也有着显著的效果，学生能够感受到教学内容与他们的实际需求和兴趣息息相关，这能够提升他们对课程的投入和兴趣，进而提高对教学质量的认可度。这种满意度的提升有助于营造良好的学习氛围，促进学生更积极地参与到教学活动中。个性化学习体验通过满足学生个体需求、降低学习焦虑、提高学生教学满意度等方式，对于促进学生全面发展和提升教学质量起到了重要作用。这种教学方法能够为学生提供更为个性化和符合实际需求的学习体验，为其未来的学习和职业发展奠定坚实基础。自我评估在个性化学习体验中扮演着重要角色。学生通过自我评估可以更全面地了解自己的学习需求、兴趣和能力，从而更好地规划个性化学习路径。

自我评估有助于学生了解自己的学习风格和偏好。通过考察自己在学习过程中表现出的方式和偏好，学生可以更清晰地了解何种教学方法、资源或学习环境对其更为适合。这种了解可以帮助学生更有针对性地选择最适合自己学习风格的教学模式，提高学习效果。自我评估也能够让学生更好地认识自己的学习需求。通过审视自己的学习目标、弱势领域和优势特长，学生可以更加清晰地了解自己需要在哪些方面进行提升，以及如何制定合适的学习策略来实现目标。这种自我认知和评估能力对于学生未来的学业规划和职业发展至关重要。

自我评估也有助于学生更好地反思和调整学习策略，通过不断地审视自己的学习进展和效果，学生可以及时发现问题并进行调整，比如改变学习方法、调整学习计划或寻求辅导帮助。这种自我反思和调整能力，有助于提升学生的学习效率和成就感自我评估是个性化学习体验中不可或缺的一环，它能够帮助学生更好地了解自己的学习需求和优势，指导他们更有效地规划学习路径，并培养自我反思和调整的能力，从而提高学习效果和成长空间。

三、目标导向教学对教学模式改革的意义

目标导向教学对教学模式改革具有重要意义。它注重于根据学生的学习目标和需求来设计教学内容和方法，以更好地满足学生的个性化学习需求，从而推动教学模式朝着更灵活、个性化的方向发展。目标导向教学促进了教学内容的针对性和实效性。通过明确学生的学习目标，教师能够更好地调整课程内容和教学方法，使其与学生的需求相匹配，提高学习的针对性和实际效果。这种精准的教学设计有助于激发学生的学习兴趣，提升他们的学习动机，从而更好地实现教学目标。目标导向教学鼓励了多元化的教学方法和评估方式。它鼓励采用不同的教学方法和工具来满足不同学生的学习需求，比如小组讨论、实践活动、项目式学习等。同时，教师也可以采用多种评估方式来全面评价学生的学习成果，如考试、作业、项目报告等。这种多样化的教学和评估方式有助于更好地发掘学生的潜力，提高教学的灵活性和适应性。

目标导向教学还推动了教师的专业发展和提升，教师需要不断反思教学目标，探索新的教学方法和策略，以适应不同学生的需求。这种不断反思和探索能够促使教师不断提升自己的教学水平，提高专业能力，并加强教师与学生之间的互动与沟通。目标导向教学在教学模式改革中具有重要意义，它强调了个性化学习、教学方法多样化以及教师专业发展，有助于提高教学的质量和效果，更好地满足学生的学习需求，推动教育教学朝着更加灵活、多元、个性化的方向发展，目标导向教学的实施可以有效提高教学环境，创造更加积极、活跃的学习氛围。

当教学目标与学生的需求紧密匹配时，学生更容易产生学习动力，课堂氛围更加融洽，学习更有成效。这种积极的教学氛围能够激发学生的学习兴趣和主动性，促进他们更深层次的思考和学习探究，进而推动学生的综合素质和能力的全面提升。目标导向教学也有助于提升教学质量。教学目标的明确性和清晰性能够引导教师有计划地组织教学过程，合理安排教学内容和时间，更好地进行教学评估和反馈。这种系统性的教学管理有助于确保教学质量的稳步提高，并能够更好地满足教育教学改革的要求。目标导向教学对于学生的个性发展和全面素质培养也具有积极促进作用，因为教学目标是基于学生个体的需求和特点而设定的，学生在完成这些目标的过程中，不仅可以提升专业技能，还能够培养创新能力、批判性思维、团队合作精神等综合素养，为其未来的职业发展打下坚实的基础。

目标导向教学的实施对于提升教学环境、提高教学质量以及促进学生全面发展都有着显著的意义。它不仅有助于优化教学模式，更能够更好地适应不同学生的学习需求，推动教育教学朝着更加个性化、多元化、高效化的方向发展。

第二节 高职英语教学模式的重构

一、教学模式改革的必要性分析

教学模式改革是适应当今高等教育新形势的必然要求，通过深入分析，我们可以清楚地认识到这一改革的必要性和重要性。随着科技的迅速发展和全球化进程的加速，教育面临着新的挑战和机遇。传统的教学模式可能无法完全满足学生在信息获取、交流、合作等方面的需求。因此，教学模式的更新和改革迫在眉睫，以更好地适应当代社会的要求。

教学模式改革的必要性还体现在促进学生学习主动性和创造性方面，传统的教学方式往往以教师为中心，注重知识的灌输和传授，而未能充分激发学生的学习热情和创新能力。新的教学模式应当更加注重学生的参与与主动性，培养学生的自主学习能力和解决问题的能力。教学模式改革也是应对职业发展需求的迫切要求。当前，社会对人才的需求越来越强调综合能力和创新思维，而传统教学模式往往未能为学生提供充足的机会去培养这些能力。教学模式的更新改革，需要更多地融入实践教学、项目实践等内容，帮助学生更好地适应未来职业发展的挑战。

教学模式改革对于提升教育质量和促进教育公平也至关重要，新的教学模式应该更加关注个性化教学，考虑到学生的差异性，为每个学生提供更好的学习环境和机会，使教育资源更加均衡地分配，促进教育公平。教学模式改革不仅是应对时代发展的需要，也是适应学生需求、提高教学质量、推进教育公平的必然选择。它旨在推动教育更加贴近实际、更加符合学生特点，以更好地满足未来社会对人才培养的需求。

二、现行教学模式中的不足与缺陷

教学方式的僵化是当前高职英语教学中面临的一大挑战，过于固定的教学方式可能降低了学生的学习兴趣和参与度，使得课堂变得枯燥乏味。这种僵化的教学方式主要体现在教学内容的单一化和教学方法的单调性上，过于传统和单一的教学内容可能使学生感到乏味，大量重视教科书中的知识点传授，而缺少实际案例分析或与实际工作场景相关的内容，限制了学生对知识的深入理解和应用。这种教学内容的单一性无法引起学生的学习兴趣，可能导致他们缺乏对所学知识的实际应用意识和动力。教学方法的单调性，也是造成教学方式僵化的原因之一，传统的课堂教学方式偏向于教师主导、学生被动接受的形式。这种教学模式未能充分激发学生的思维活跃和创造性思维。缺乏互动与合作，课堂单一的讲解模式难以调动学生的学习积极性，使得学生参与度不高，容易导致学习效果不理想。

针对这一挑战，应引入更多新颖、实用、生动的教学内容和多样化的教学方法。例如可以通过引入实例分析、案例研究、小组讨论、角色扮演和实践操作等教学方法，创设生动有趣的教学环境，从而激发学生的学习兴趣和主动性。这些方法不仅可以丰富教学内容，更能促进学生的思维发展和实践能力的培养。充分利用现代科技手段，例如多媒体教学、在线教学平台、虚拟实验室等，也是打破僵化教学的有效途径。这些技术手段能够为教学提供更多样化的资源和学习方式，为学生创造更具吸引力和互动性的学习环境。

通过创新教学内容和多样化教学方法，可以更好地激发学生的学习热情和兴趣，培养其批判性思维、问题解决能力和实践能力，从而提升教学质量和学生的学习体验。缺乏个性化教学，是当前高职英语教学中的一个突出问题。现行教学模式较为统一，无法满足不同学生的学习特点和需求。这一缺陷可能导致学生对学习的兴趣降低，进而影响其学习效果。个性化教学的缺失主要体现在教学方式和内容上，在教学方式方面，教师倾向于采用一种统一的教学方法，忽视了学生个体差异。这种模式下，学生的学习需求和兴趣未能得到充分重视，无法有效地激发每位学生的学习潜力。而在教学内容方面，教学过程中可能过于固守教材内容，未能根据学生的学习能力和兴趣特点进行灵活调整，导致学生难以专注和投入。

引入个性化教学是解决这一问题的关键，教师应了解学生的学习特点、兴趣爱好和学习能力，针对不同学生设计差异化的学习方案，通过分层教学、小组合作学习或个性化辅导等方式，满足学生不同的学习需求，提供更有针对性的教学。

采用多元化的教学方法和资源，为学生提供更多选择和自主权。例如结合实际案例和现实问题进行教学，开展讨论和研究性学习，以激发学生思考和参与。利用多媒体教学手段、在线学习平台等，提供丰富多样的学习资源，帮助学生根据自身需求进行学习。教师需要建立良好的互动沟通机制，与学生保持密切联系。通过与学生的反馈交流，了解学生的学习感受和需求，及时调整教学内容和方式，满足学生的个性化需求，推动学生的全面发展。个性化教学的引入可以更好地适应学生的差异化需求，提高教学效果，激发学生学习兴趣，为其提供更加丰富和有意义的学习体验。

三、教学模式重构的理念和原则

学生为导向的个性化关怀，是现代教育中的重要理念，着重于了解和回应每个学生的个体需求、学习风格和能力，为其提供更有针对性的教育。这种方法致力于确保教学过程中学生的参与度和兴趣，使其学习更具目的性和有效性。在教学中，以学生

第七章　基于职业能力培养视角的高职英语教学模式改革的途径与对策

为中心的关键在于了解每个学生的特点和学习需求。这意味着教师需要花时间建立与学生的沟通和信任，并通过多种途径来了解学生的学习方式和兴趣爱好。这种关怀可以通过定期举行学生谈话、个人学习计划和使用教学评估工具等方式实现。为了促进个性化的教学方法，教师应采用不同的教学策略和工具，以满足学生不同的学习需求，灵活运用多样的教学方法，例如小组讨论、案例研究、实践项目、个性化任务等，以支持学生的个性发展和学习风格。同时，鼓励学生参与课堂讨论和互动，提供更多展示自己理解和学习成果的机会。个性化关怀也包括为学生提供多元化的学习资源和机会，以满足他们的学习需求。利用多媒体技术、在线教育平台和图书馆等资源，为学生提供丰富的学习材料和渠道，以支持他们在不同学科和领域的探索。

个性化关怀也需要持续地反馈和调整，教师需要定期评估学生的学习进展，了解他们的需求和困难，从而及时调整教学方法和课程内容，以更好地满足不同学生的学习需求和个性发展。还应以实践为导向，教学是一种强调将课堂学习，与实际应用相结合的教学方式。该教学模式注重培养学生的实际操作能力，使他们能够将所学的理论知识应用到实际生活和职场中。这种教学模式有助于学生更好地理解学习内容，并为未来的职业发展做好充分准备。实践导向教学中，教师的角色是引导学生将理论知识与实际问题相结合，鼓励他们提出并解决实际面临的挑战。为此，教师通常会设计案例研究、项目任务或模拟情境，让学生运用所学知识解决实际问题。这种方法能够激发学生的学习兴趣，增强他们的参与度和学习动力。

实践导向教学强调的不仅仅是解决问题，还包括对问题进行分析、反思和总结。通过实践过程，学生不仅能够学到知识，还能够培养创新意识、团队合作能力以及解决问题的能力。这种综合能力对于学生未来职业发展具有重要意义。学校和教师也需要提供支持和资源。例如为学生提供实验室设施、行业导师指导、实习机会等，让他们能够在真实的环境中进行实践。这有助于加强学生的实际操作能力，并促进他们的职业发展。实践导向教学，是一种有助于学生将理论、知识、实际应用相结合的教学模式，通过这种教学方式，学生能够更好地理解和应用所学知识，并培养实际操作能力和解决问题的技能，为未来的职业发展奠定坚实基础。

全面评估与持续改进，也是教学模式改革中至关重要的一环。这一过程不仅意味着对教学模式的全面审视和评估，也包括对改进和调整的持续追求。这种方法不断激发和促进教学模式的优化，确保其与时俱进、适应学生需求。评估教学模式的全面性意味着需要考虑多个因素，这不仅仅是关于学生学习效果的评估，还包括教学方法、资源利用、教师角色等方面的全面审视。全面评估需要收集和分析各种数据，包括学生的学习成绩、课堂参与度、教学资源利用情况等，以此为基础制订改进计划。

持续改进则是一个循序渐进的过程，基于评估结果，教师和管理者应该制定可行的改进方案，并逐步实施这些改变。这可能包括调整教学内容和方法，提供更多样化的教学资源，加强学生参与度，或者对课程进行更灵活的安排。重点是确保这些改进是根据实际需求和数据分析来实施的，以确保改进是有效的。重视教师、学生和管理者的反馈和意见至关重要。通过收集和分析他们的观点和建议，可以更好地了解教学模式的现状，并识别需要改进的领域。这种参与性的方法可以促进教学模式的持续优化。全面评估也应考虑教学模式改革的长期目标，这包括适应不断变化的教育环境、科技进步、学生需求等。通过考虑长期目标，教学模式可以更好地迎接未来的挑战，并在改进的过程中保持灵活性。全面评估与持续改进是推动教学模式不断发展的关键因素。通过不断评估、调整和优化，教学模式能够更好地适应现代学习环境，提高教学质量，满足学生需求，从而取得更好的教育效果。

　　技术整合与创新，同样在教学模式改革中扮演着至关重要的角色。它们不仅可以丰富教学手段，还能够提升学生的学习体验和成效。技术的融合和创新为教学带来了前所未有的便利，为教学提供了更广泛、更灵活的选择。技术整合能够为教学提供更丰富的资源，通过数字化内容、在线资源和多媒体工具的应用，教师可以为学生提供更多样化的学习材料和参考资料。这样的多样性有助于吸引学生的注意力，激发学习兴趣，同时，也有利于更好地满足不同学生的学习风格和节奏。创新的教学技术能够提升教学的互动性和参与度，例如利用在线教学平台、教育应用程序和虚拟现实技术等，可以打破传统教学中的时间和空间限制，使学生能够更灵活地参与课程内容。这样的参与性教学方法有助于激发学生的学习热情，培养其自主学习的能力，提高课堂互动效果。

　　技术整合也提供了更多实践性的学习机会。通过模拟软件、虚拟实验室和在线实践项目等工具，学生能够在安全、可控的环境下进行实践探索，提高实际操作能力。这种实践性学习不仅能够加深对知识的理解，还能培养学生解决问题的能力和创新思维。在教学模式改革中，技术整合和创新也需要教师的不断探索和更新。教师应不断了解和掌握新技术，灵活应用于教学实践中，并教导学生正确合理地利用技术。同时，教育机构也应提供支持和培训，确保教师具备运用这些新技术的能力和信心。技术整合和创新为教学模式的改革提供了巨大的机遇。它们为教学带来了更多选择和可能性，促进了教育的现代化和个性化发展，有助于提高教学质量和学生学习效果。

第三节　高职英语教学方法的变革

一、教学方法的创新和实践

　　教学方法的创新和实践在高职英语教学中至关重要，这一变革是为了更好地满足学生的学习需求，提升他们的学习兴趣和能力。创新的教学方法旨在打破传统的教学框架，引入更具交互性和参与性的教学手段，以提高学生的学习体验。

　　采用多元化的教学方式是创新的重要组成部分。传统的课堂模式可能局限于教师的单向传授，而多元化教学则更注重师生互动。通过小组讨论、角色扮演、实践案例等多种方式，学生可以更积极地参与课堂中来，促进思维碰撞和知识交流。引入先进技术和教学工具也是教学创新的关键。当今科技日新月异，教学中融入多媒体、在线教育平台、虚拟实验室等技术手段，能够更好地激发学生的学习兴趣和创造力。利用互联网资源和教学应用程序，为学生提供更丰富、更便捷的学习体验，使教学内容更生动、更易理解。

强调问题导向和实践性教学也是教学方法创新的重要方向，通过引导学生解决实际问题、完成项目任务或实践操作，培养他们的动手能力和解决问题的能力。这种教学方法能够更好地激发学生的学习热情，提升他们的综合素质。教学方法的创新和实践是高职英语教学不断发展的动力源泉，它们不仅使学生更加积极主动地参与学习，提升了教学效果，也丰富了教学手段和方法，促进了教学模式向更加灵活和多样化的方向发展。

二、多元化教学方法在高职英语中的应用

多元化教学方法在高职英语教学中的应用，这种方法强调通过多种不同的教学策略和资源，针对学生的不同学习风格和需求提供更丰富的学习体验。它包括课堂讨论、小组合作、实践性任务、多媒体资源等。多元化的教学方法在高职英语教学中扮演着重要角色。通过多种教学手段和资源，能够满足学生多样化的学习需求。例如有些学生更适应视觉化学习，可以通过图表、图片、视频等多媒体资源来辅助教学。而另一些学生则可能更适应于互动性强的教学方式，比如小组讨论、案例分析等。多元化的教学方法能够激发学生的学习兴趣和参与度。在高职英语教学中，这种方法有助于打破传统教学的单一性，使学习更具吸引力。举例来说，引入实例分析、角色扮演或讨论热门话题等方法，能够引发学生积极思考和参与，增加课堂活跃度。多元化教学方法也有助于提高学习成效。通过多种途径和方式，学生更全面地理解和掌握英语知识。比如结合课堂理论教学与实际应用，让学生在课堂上通过实践任务来运用所学知识，提高了他们的实际应用能力。

多元化教学方法在高职英语教学中是一种重要的教学策略。它不仅能够满足学生多样化的学习需求，激发学生的学习兴趣，还能提高他们的学习成效和实际应用能力。这种方法为教师提供了更丰富的教学手段，为学生创造了更多元化的学习体验。

三、教学方法变革对学生学习效果的影响

教学方法的变革对学生学习效果有着深远的影响，这种变革涵盖了教学模式、策略以及资源的创新，能够显著提升学生的学习效率与成绩，教学方法变革能够激发学生的学习兴趣。采用创新的教学方法能够使学习更具吸引力和趣味性。例如通过引入实践性任务、讨论课堂案例、运用多媒体资源等方式，激发学生的积极参与，增强他们对学习的兴趣与投入。教学方法变革能够提高学生的学习效率。传统的教学方法可

能无法满足每个学生的学习需求。但采用多元化的教学方法则能更好地适应学生的不同学习风格。例如对于视觉型学习者，使用图表和多媒体资源能更有效地传递知识；而对于喜欢互动的学生，开展小组合作或讨论课更能激发他们的学习动力。

教学方法变革有助于培养学生的创新思维和解决问题的能力，采用创新的教学方式可以鼓励学生独立思考，提高他们的创新性和解决问题的能力。例如，通过案例教学和实践操作，学生能够更好地运用所学知识解决实际问题，培养出实践能力和创新意识。教学方法变革也为学生提供了更全面的学习体验。不同于单一的教学方式，多元化的教学方法能够提供更多样的学习机会，丰富学生的学习经历。这些体验对学生的成长和发展至关重要，有助于塑造其综合素质。教学方法的变革对学生的学习效果产生了积极的影响。它激发了学生的兴趣、提高了学习效率、培养了学生的创新思维，并为他们提供了更全面的学习体验。这种变革为教学注入了新的活力，推动了学生学习水平的提升和全面发展。

采用创新教学方法可以激发学生的学习兴趣，通过引入有趣且生动的教学方式，如教学游戏、互动讨论和多媒体资源，激发了学生对学科的好奇心，使学习更具吸引力和亲和力。教学方法的变革促进了个性化学习。教师通过了解学生的不同学习需求和风格，采用个性化的教学策略和资源，使学生更专注于学习内容，提高了学习效果。新教学方法更加注重实践应用。例如通过实验、案例分析和实地考察等教学活动，学生不仅仅是被动接受知识，而是能够将所学知识与实际问题结合，增强了学习的实用性和应用能力。教学方法的创新鼓励学生自主学习。通过项目学习和问题解决式的学习，学生在独立思考和自主探究的过程中培养了批判性思维和解决问题的能力，提高了学习效果。新的教学方法引入了更多元化的评估方式。除了传统的考试评估外，还有口头报告、小组作业、实践项目等多种形式的评估，更全面地评估学生的知识掌握和能力发展。

综合教学方法的改革促进了学生综合能力的发展，这种方法的实施，不仅仅注重知识的传授，更注重培养学生的解决问题、合作交流和创新思维等综合素养，提高了学生的综合竞争力。培养了学生的批判性思维，通过挑战式教学和鼓励质疑的氛围，学生习得了分析问题和提出解决方案的能力，提升了学术水平和创新能力。教学方法的变革为学生提供了更多元化、灵活性更强的学习方式，使得他们在不同的层面和角度上更加全面地获得知识，提高了他们的学习效果和能力。

第四节 高职英语教学评价的转变

一、评价体系的建立和优化

高职教学评价体系的建立和优化是教学质量提升的关键环节。评价体系的首要任务,是与明确定义的学习目标相一致。确保学生了解预期的学习成果,以便他们理解评估标准和期望水平。采用多样化的评估手段,如考试、作业、实践项目、论文、口头报告和参与度评价等,以全面地衡量学生的综合能力。提供及时、详细、具体的反馈,帮助学生了解自身学习情况,识别并改正不足之处,进而持续提升学习效果。评价体系应具备公平公正性,不偏袒特定学生群体,以确保评估结果准确客观。教师和学生都应参与评价体系的建立,教师的反馈与评价应有助于学生的进步,学生也应该参与自我评价,有助于提升自我认知和学习动力。

评价体系需要定期进行评估,确保其适应学习环境和课程发展的变化,以便及时调整和优化。评价体系的灵活性十分重要,它应当适应不同课程、学科、学生群体和教学模式,以确保全面有效的评价。评价体系应当是一个动态的、不断完善的过程,倡导教师和学生参与其中,为教学质量和学生学习效果的不断提升而努力。高职教学评价体系的持续改进和教学优化是保证教育质量与效果的关键环节,这种不断优化的过程需要建立在实证数据和可靠指标基础上,以确保评价体系的科学性和全面性。

高职教学评价体系的持续改进应该建立在丰富的数据支持之上。教师、学生和课程相关的各种数据,包括学生成绩、教学反馈、教师评估等,提供了重要的信息来源。通过分析这些数据,可以识别弱势环节和改进空间,为未来的教学优化提供指导。持续改进需要建立强有力的反馈机制。收集学生和教师的反馈意见,并及时做出调整和改进。定期对评价体系进行审查和评估,以验证其有效性,并根据实际情况灵活调整策略和方法。

基于评价结果和数据分析,教师可以调整教学策略,改进教学方法。鼓励教师参与教学创新和教学资源的优化,包括引入新的教学工具、教学技术和教学资源,以丰富教学内容和提高教学效果。教师的持续专业发展是不断优化教学评价体系的重要保障。为教师提供专业发展培训,使其能够了解最新的教学方法和评价工具,从而更好地适应学生的学习需求。通过与同行交流和研究,了解其他高等教育机构的最佳实践和成功案例。将这些成功经验应用于本校教学评价体系的优化,并不断寻求教学改进的新方法。持续改进和教学优化是高职教育中不可或缺的环节,它不仅有助于提升教学质量,还能够提高学生学习的满意度和学习成效,促进教育事业的可持续发展。

二、综合评价在职业能力培养中的作用

在职业能力培养中,综合评价扮演着至关重要的角色,综合评价应该包含多种维度和指标,以全面衡量学生的职业能力。这些评价维度可以包括学术能力、实践操作能力、创新能力、团队合作能力等。通过多元化的评价维度,能够更全面地了解学生的综合素质,促进学生在不同方面的能力发展。例如学生在项目中展示出色的团队协作能力,通过专业知识与实际运用相结合,这些都可以在综合评价中得到体现,为他们未来的职业发展提供有力支持。评价维度的多样性在教育评估中具有重要作用。当

涉及职业能力培养时，综合性的评价体系应该包含多个维度，以确保评估全面而准确。

学术能力评估是评价体系中的关键维度之一，这一维度涉及到学生在学术课程上的表现，包括对学科知识的理解、掌握程度和应用能力。学术能力的评估可以通过考试、论文撰写、课堂参与和专业技能测评等方式进行，以全面衡量学生的学业水平。实践操作能力是另一个重要的评价维度，这种能力涵盖了学生在实际工作场景中应用专业知识和技能的能力。通过实习、项目实践、工作坊或模拟场景，学生能够展现出自己在职业环境中解决问题、执行任务以及应对挑战的能力。创新能力也是评价维度之一，它涉及到学生对新问题或挑战的处理方式，包括创造性思维、解决问题的方法和独立思考能力。学生的创新能力可以通过设计项目、研究性学习、参与创业活动等方式进行评价。

团队合作能力也应被纳入评价体系，现代职场需要员工具备良好的合作能力，包括有效的沟通、团队协作和协调能力。通过小组项目、团队任务等方式，评价学生在协作和领导能力方面的表现。社交适应能力也是一个重要维度。这一维度关注学生在社会和职场环境中的交往能力、人际关系处理和情商表现。学生可以通过参与社区服务、实践活动、社团组织等途径展现这种能力。多维度的评价体系能够更全面地反映学生的能力和素质。通过这些评价维度的有效整合，学校能够更好地了解学生在多个方面的表现，有针对性地帮助学生提升职业能力，为其未来的发展提供更好的支持。促进自我发展与反思，综合评价对学生的自我发展和反思起到关键作用，通过综合评价，学生可以深入了解自己在各方面的优势和劣势，从而提高自我认知水平。评价结果为学生提供了重要反馈，使其更好地认识到自身潜在的发展方向和改进点。举例来说，一份综合评价可能揭示了学生在特定领域的短板，促使其加强学习和发展，从而更好地适应职业生涯的挑战。促进自我发展与反思是一个终身学习的重要方面，这种过程涉及个人认知的不断深化、技能的提升和对自身行为的审视，从而实现个人的职业目标。这种发展需要有意识地进行自我评估、反思，并制订合适的行动计划。

建立明确的发展目标也是重要的，这些目标应当具体、可衡量，并与个人职业发展和组织目标相关联。通过设定明确的目标，个人可以更好地集中精力，以实现个人和职业发展中的特定目标。积极寻求反馈也是促进发展的有效途径。接受来自同事、上司、导师或客户的反馈，可以帮助个人了解自己的优势和不足，并且提供改进的方向。这种反馈可以来自正式的评估过程，也可以是日常的交流和沟通中的观察和建议。个人要持续保持对行业变化和发展的敏感度。这需要定期关注行业动态、技术更新和最佳实践，以确保个人能够适应并应对不断变化的职场环境。促进自我发展与反思是一项动态的、全面的过程，它要求个人保持学习的心态，不断地审视和提升自己的知识、技能和行为，以适应变化的职业环境并取得长期的职业成功。

培养综合素质与职业能力是教育体系中的重要目标之一，旨在为学生提供全方位的发展，使其具备适应当今社会和工作环境所需的各种技能和素质。综合素质包括但不限于沟通能力、领导能力、解决问题的能力和创新思维。通过开设相关课程、提供实践机会和培训课程，学生可以获得不同层面的技能，例如团队合作、领导才能、批判性思维和解决实际问题的能力。这些能力可以通过课堂讨论、项目工作和跨学科合作等方式培养和提升。

职业能力涉及专业知识、技术能力及适应性和创新性。高职院校应着重培养学生在特定领域的专业知识，同时，强调实践技能的培养。通过模拟实验、实习项目和实际案例研究，学生可以将所学知识应用于实践中，并提升在特定领域的技术能力。培养学生的创新能力也是关键。创新能力不仅包括独立思考和解决问题的能力，还包括创造性和设计思维。通过鼓励学生参与项目和实践活动，并提供创新工作坊和创业课程，可以激发学生的创新潜能，并培养其创造性思维和解决问题的能力。

强调个人素养的培养也是至关重要的。个人素养包括道德品质、社会责任感和文化意识等。学校可以通过开展课程、提供社会实践项目和推动国际交流等方式，培养学生的道德观念、社会参与能力和全球意识，使其具备更为全面的素质。为了更好地培养综合素质和职业能力，学校和教师需要注重学生的个性化发展，鼓励他们根据个人特点和职业目标来选择适合自己的课程和培训，提供个性化的辅导和指导，并建立起完善的评价体系来全面评估学生的发展情况，以便持续地改进和优化教育方式。

三、评价改革对教学质量的提升

评价改革对教学质量的提升是教育领域中一个关键且重要的议题。随着时代的变迁和教育理念的发展，评价体系的改革被认为是提高教学质量的关键之一。评价改革对教学质量的提升有多方面的影响。

评价改革促进了教学目标的明确和明晰，传统的评价模式可能过于侧重于考试成绩，忽视了教学的多元化目标。而新型的评价体系更加关注学生的全面发展和多元化能力的培养，有助于教学目标的清晰定义，从而提升教学质量。评价改革能够鼓励教师更加关注个性化教学。新型的评价方式强调对学生个体差异的理解和尊重，有助于教师更全面地认识学生，更有效地应对不同学生的学习需求，进而提高教学质量。评价改革也可以激发教学创新和教学方法的多样化。通过引入多元的评价方式，如项目作业、口头表达、实际操作等，能够激发教师的创新意识，采用更多样化的教学方法，使学生更好地参与学习，从而提升教学质量。评价改革也提高了教学过程的透明度和公平性。新型的评价方式更加注重评价过程的公正性和透明度，能够减少主观因素的干扰，保障评价的客观性和公正性，从而有助于提升教学质量。

评价改革对教学质量的提升有着深远的影响，通过促进教学目标的明确、关注个性化教学、激发教学创新和提高评价公正性等方面的作用，评价改革为提升教学质量提供了全方位的支持和保障。

第五节 高职英语教师的角色调适

一、教师在职业能力培养中的角色定位

高职英语教师在职业能力培养中扮演着至关重要的角色，他们既是知识传授者，也是引导者和激励者。他们的职责不仅限于教授英语语言和相关课程，更要积极参与学生的综合素质和职业技能的培养，促进学生的全面发展。教师作为引导者，应该鼓励学生掌握英语语言的基本知识和技能。他们需要设计并实施灵活多样的教学方法，激发学生学习英语的兴趣，并帮助他们建立坚实的语言基础。教师还需提供实践机会，让学生在语言实际运用中更加熟练。教师作为榜样和激励者，应该鼓励学生树立正确的学习态度和职业素养。他们应该传授学习方法和技巧，培养学生的自主学习能力，让他们能够主动积累知识，提高自身学习效率。教师也要树立正确的职业道德观念，引导学生树立正确的职业目标和态度。教师还扮演着学生综合发展的推动者。他们应该不断关注学生的发展需求，为学生提供个性化的教育支持。这意味着在课堂教学中应该注重学生的个性化需求，灵活运用教学方法，满足不同学生的学习需求。同时，教师还要在学生职业规划和发展方面提供指导，帮助他们更好地适应未来职场的挑战。

高职英语教师在职业能力培养中扮演着促进者和引导者的双重角色，他们不仅是知识的传授者，更是学生职业发展和成长的引领者，为学生的未来发展奠定坚实的基础。

二、教师在教学过程中的角色转变

教师在传统教学中被认为是知识的传递者和课堂的主导者，然而，现代教育理念认为教师应该是学生学习过程的引导者和促进者。这种转变意味着教师不再仅仅注重传授知识，而是更注重培养学生的学习主动性和批判性思维。

现代教学要求教师成为学习的引导者，这意味着教师应该引导学生利用各种资源，包括图书馆、互联网、实践经验等，鼓励他们积极探索和学习。教师需要引导学生进行自主学习，培养其自主思考和解决问题的能力。教师还承担着激励学生学习的责任。他们不仅要传授知识，更要激发学生的学习兴趣。通过创造性的教学方法和激发学生的好奇心，教师可以提高学生的学习积极性和主动性。教师也是学习资源的提供者。他们不仅是课程的组织者和传递者，还应该为学生提供多种学习资源和渠道，以帮助他们更好地掌握知识和技能。教师应当熟悉不同的教学资源，并灵活运用于课堂教学。教师的角色转变意味着他们需要不断学习和改进自己的教学方法。他们需要

适应不断变化的教学环境，利用新的技术和教学手段来激发学生的学习兴趣，提高教学效果。

教师在教学过程中的角色不再是简单的知识传授者，而是更多地扮演引导者、激励者和资源提供者的角色。这种转变对于促进学生学习兴趣的激发和学习效果的提升具有重要意义。

三、教师角色调适对学生成长的影响

教师在学习动机的激发，和学习氛围的塑造方面发挥着关键作用，他们的角色不仅仅是传授知识，更在于如何通过教学方法和教育环境营造出积极的学习氛围，激发学生的学习兴趣和动力。教师的角色在于激发学生的学习动机，通过灵活多样的教学方式，例如互动式教学、小组合作、实践性项目等，教师能够激发学生的兴趣，引发他们的学习动机。利用个案分析、教学实验和案例研究等方法，教师能够将理论知识与实际情境结合，使学生更容易理解和接受所学知识，从而增强学习的愿望。

教师在创造良好的学习氛围方面发挥重要作用。通过鼓励积极参与、尊重学生差异、建立相互信任的师生关系，教师营造了一个充满尊重、合作和支持的学习环境。此外，教师还能通过鼓励表扬、给予奖励等方式激励学生，增强他们的学习动力，培养他们的自信心和学习积极性。教师不断调整教学方式，关注学生需求，使教学内容与学生现实生活相联系，以及使用新颖有趣的教学方法，能够增强学生的学习兴趣。教师可以创建启发式、互动性强的教学环境，激发学生的好奇心和探索欲望，让学生在探索中获得乐趣，从而更积极地投入到学习当中。

教师的角色在于通过不同的教学方法和教学氛围的营造，激发学生的学习动机，积极的学习氛围和动机能够使学生更愿意学习，更积极地参与课堂，有助于提高他们的学习效果和学业成绩。自主学习能力和解决问题的能力，是高等教育的重要目标之一，教师在培养学生自主学习和解决问题的能力方面发挥着关键作用。他们通过特定的教学方法和课程设计，促进学生的自主学习和问题解决能力的培养。

教师在课堂中鼓励学生独立思考和自主学习。通过提供启发性问题、开放性讨论和案例分析等教学手段，教师激发学生的思辨能力，鼓励他们提出问题、寻求解决方案并进行自主学习。这样的教学方法有助于培养学生的探索精神和自主学习意识，使其具备主动获取知识和解决问题的能力。教师通过项目式学习和实践活动培养学生的问题解决能力。通过组织学生参与真实案例、工程项目或研究课题，教师提供了一个让学生应用所学知识解决实际问题的平台。这样的实践性学习能够促进学生学以致用，提高他们的解决问题的能力和创新思维。教师也可以通过课外阅读推荐、研讨会和学术讲座等方式激发学生自主学习的兴趣。这些活动可以拓展学生的知识面，让他们在学习过程中产生更多的思考和探索，培养其自主学习的习惯和能力。教师的角色在于激发学生主动学习的兴趣和能力。通过引导和鼓励，教师能够培养学生自主学习和问题解决的能力，为其未来的职业发展和学术研究奠定坚实基础。这样的能力不仅是知识储备的提升，更是对于自身问题的分析和解决的能力，能够帮助学生更好地适应未来的挑战。

培养道德价值观和引导人生发展方向是教师在学生教育中的重要职责，教师除了传授学科知识外，还肩负着培养学生良好的道德品质和塑造其人生发展方向的责任。教师作为榜样和引导者，在言传身教中示范和弘扬正确的道德价值观。他们以自己的行为树立良好的榜样，引导学生培养正直、诚信、负责任和关爱他人的品质。透过言行举止，教师潜移默化地影响学生，塑造他们的道德意识和行为习惯。

教师也通过课堂教学、教育活动和案例分析等方式引导学生审视并理解道德问题，通过讨论和引导，教师激发学生的思辨能力，使他们在学习过程中明确和坚守正确的价值观，提高他们的道德判断和决策能力。教师可以通过课外活动、社会实践和志愿服务等途径，引导学生认识社会责任和价值观，促使他们形成积极的人生发展方向。这些活动可以增强学生的社会责任感和集体荣誉感，培养他们关心社会、热爱生活的情感，塑造健康、积极的人生态度。教师的引导和教育在培养学生良好道德价值观和塑造其人生发展方向中扮演着关键的角色。他们通过言传身教、课堂教学和课外活动等方式，努力培养学生的道德观念和正确的人生价值观，帮助他们成长为有担当、有情怀、有责任感的社会公民。培养道德价值观和引导人生发展方向是教师在学生教育中的重要职责，教师除了传授学科知识外，还肩负着培养学生良好的道德品质和塑造其人生发展方向的责任。

教师作为榜样和引导者，在言传身教中示范和弘扬正确的道德价值观，他们以自己的行为树立良好的榜样，引导学生培养正直、诚信、负责任和关爱他人的品质。透过言行举止，教师潜移默化地影响学生，塑造他们的道德意识和行为习惯。教师也通过课堂教学、教育活动和案例分析等方式引导学生审视并理解道德问题。通过讨论和引导，教师激发学生的思辨能力，使他们在学习过程中明确和坚守正确的价值观，提高他们的道德判断和决策能力。教师可以通过课外活动、社会实践和志愿服务等途径，引导学生认识社会责任和价值观，促使他们形成积极的人生发展方向。这些活动可以增强学生的社会责任感和集体荣誉感，培养他们关心社会、热爱生活的情感，塑造健康、积极的人生态度。

教师的引导和教育在培养学生良好道德价值观和塑造其人生发展方向中扮演着关键的角色，他们通过言传身教、课堂教学和课外活动等方式，努力培养学生的道德观念和正确的人生价值观，帮助他们成长为有担当、有情怀、有责任感的社会公民。

参考文献

[1] 黄雨,连恬恬. 中外合作办学雅思口语教学模式对我院高职英语口语教学改革的借鉴意义[J]. 英语广场,2017(01):81-82.

[2] 王昕. "互联网+教育"下高职英语智慧课堂教学模式研究[J]. 学周刊,2023(34):34-36.

[3] 周盈,邹立君. 新形势下高职院校英语教学模式改革探索[J]. 山西青年,2013(10):108-109.

[4] 窦菊花. 基于异步教学模式的高职公共英语隐性分层教学实践[J]. 天津中德应用技术大学学报,2023(05):60-64.

[5] 王楚怡. 情境认知学习理论下"高职英语"课程思政教学模式探究[J]. 延安职业技术学院学报,2023,37(05):37-40.

[6] 李丹. 基于"1+X"教学模式(证书制度下)的高职公共英语职业技能培养对策研究:以实用英语交际职业技能等级考试内容与新视野教材融合为例[J]. 海外英语,2023(19):100-102.

[7] 郭婷. 基于任务型教学的高职英语写作教学模式探究[J]. 海外英语,2023(19):214-217.

[8] 曹青青. 基于BOPPPS教学模式的高职英语课堂教学实践与探索[J]. 校园英语,2023(40):64-66.

[9] 姜雪梅. "互联网+"背景下高职英语分层教学模式优化探讨[J]. 英语广场,2023(28):78-81.

[10] 王冬艳. 高职英语任务型语言教学模式的建构及管理策略分析[J]. 知识窗(教师版),2023(09):78-80.

[11] 杨瑶. 课程思政背景下高职院校英语教学模式探究[J]. 英语广场,2023(27):72-75.

[12] 李凌宇. 高职英语翻译教学模式优化策略分析尝试[J]. 英语广场,2023(24):90-93.

[13] 肖洁. 高职英语"对分课堂+思维导图"教学模式探究[J]. 淮南职业技术学院学报,2023,23(04):86-88.

[14] 金逸勤. 基于产出导向法的高职英语深度学习教学模式[J]. 学园,2023,16(22):26-28.

[15] 熊毅红. 高职英语听力交互式教学模式实践研究［J］. 海外英语，2023（14）：229-231.

[16] 王馨婕. 基于现代教育技术的新型高职英语教学模式研究［J］. 英语广场，2023（20）：124-129.

[17] 高磊. 信息化技术在高职英语课程中的应用：以混合式教学模式为例［J］. 成才，2023（13）：110-111.

[18] 张莹莹. OBE理念下高职英语课程模式探析［J］. 新课程研究，2023（18）：20-22.

[19] 余萍萍. 民办高职公共英语教学模式改革探析［J］. 海外英语，2023（11）：238-240.